La Tour Eiffel

エッフェル塔物語

Frédéric Seitz
フレデリック・サイツ
松本栄寿・小浜清子 訳

玉川大学出版部

LA TOUR EIFFEL

Cent ans de sollicitude

Par Frédéric Seitz

 ISBN: 2-7011-2579-0
This book is published in Japan by arrangement with LES EDITIONS BELIN
through le Bureau des Copyrights Français, Tokyo.

序　文

ギュスタヴ・エッフェルが一八八九年のパリ万国博覧会のために建築したエッフェル塔と彼自身については、これまでにさまざまな読み物——文学的、歴史的、技術的、あるいはドキュメンタリー風のものなど——がすでにあふれているので、あるいはこの上付け加えることはないように思われるかもしれない。

本書は優れた歴史家たちが世界的な建造物について、すでに記したことを繰り返すわけではない。そもそも、建設当初は散々批判され、長いこと一時的なものと見なされていたこの鉄塔が、現代建築の欠点をもちながらも、どのようにして、一世紀の間にパリの象徴となったのだろうか？　この疑問は現在まで十分に議論されているとは言い難い。本書はこの疑問の解明を試みるものである。

この問題には、一八八九年の建設当初から現在に至るまで、技術、芸術、都市問題、建築、政治、制度などさまざまな要因が複雑にからみ合っている。ここでは、塔が文化遺産となった歴史的背景を探ってみよう。

一方、塔にとっては日常茶飯事ともいうべき出来事——塔を舞台にした冒険、科学技術の実験、自殺の試み、著名人の来訪など——は意図的に省略した。そうした事柄は、他の本には多数取り上げられているが、塔が文化遺産となったプロセスを解明する材料ではないと思われるからである。

執筆にあたり、エッフェル塔開発公社のマリー＝クロード・ド・マヌヴィル、フランソワーズ・デルバール両氏には特にお世話になりました。ピエール・ビド、フェルナン・ドプレ、フランソワ・ドテル、ジャクリーヌ・ヌブー、ベルナール・ロシェ、ジャン・ロレ諸氏にも厚くお礼申し上げます。

エッフェル塔物語　目次

Ⅰ章　エッフェル塔の誕生

一八八四年六月六日、エッフェル社鉄骨構造物研究部長モーリス・ケクランは巨大な鉄塔――四本の梁柱からなる鉄柱塔――の略図〔三四頁〕に署名し、同社組立工法部部長エミール・ヌーギエに渡した。ケクランによれば、この原案を見た社長エッフェルは、乗り気ではなかったが、スタッフが研究を続けるのには反対しないということだった。ケクランとヌーギエは建築家ステファン・ソーヴェストルの意見を取り入れて仕事を進めた。(訳注1) さて、新しい略図ができあがると、それを見た

訳注1　建築家（architecte）としては、オペラ座の設計者シャルル・ガルニエが有名であるが、エッフェルは技師（ingénieur）と呼ばれている（二〇〇〇年プティ・ラルース辞典）。「建築」とは、主に装飾部分の多い石造建築を指し、エッフェルの設計による橋梁、高架橋、駅舎などの建設・建造は含まれない。伝統的な芸術性を重視する「建築」に対して、エッフェルの塔は機能主義の建造物であった。

エッフェルは、初めて興味をもった。その図案には、地面と第一プラットホーム（二階）との間に半円形の巨大なアーチがあったが、エッフェルの最終案は、現在見られるように、アーチの役割は補助的なものとなり、全体に機能主義的構造になっていた。「強風に対する備えとしては、鉄格子の補強材を使用せず、四本の梁柱がアーチにそって立ち上がり、最後に一点で交わるといった力学的構造となっている」（J・S・エリス、一九八七年）。

一八八四年九月一八日エッフェル、ケクラン、ヌーギエの三人は鉄塔の新案特許（一六四三六四番）を登録した。一八八四年九月二七日、設計図はパリ装飾美術展に展示された。こうしてエッフェル塔建設という大冒険が始まった〔三七頁参照〕。この三人の経歴は次の通りである。

ギュスタヴ・エッフェル

一八三二年ディジョンに生まれ、中等教育を修了、一八五二年中央工芸学校（化学科）に入学。三年間の学業を終えて、中央工芸学校の技師免状を取得。一八五六年鉄道資材建造業シャルル・ネプヴーと出会い土木技術を習得。その後西部鉄道会社に入社、数か月勤務ののちポーエル鉄道設備会社に入る。一八六二年マリー・ゴドレと結婚、五人の子をもうけたが、妻は一八七七年死亡。一八六四年自営の顧問技師となり、一八六六年ルヴァロワ＝ペレ（パリ市北西近郊）に建設会社を設立。

パナマ事件（訳注2）――罰金つき有罪とされたが、その後最高裁判所で無罪となった――の時に、エッフェルは会社経営から手を引き、娘婿のアドルフ・サルと旧友モーリス・ケクランに経営を委ねた。その後

は、気象学、空気力学、無線通信などに専念した。一九二三年九一歳で没。〔二六頁〕

モーリス・ケクラン

一八五六年アルザス、ビュルの実業家の家に生まれ、スイス・チューリッヒの理工科学校で建築家カール・クルマン（一八二一—八一）について建築を学ぶ。二三歳でエッフェル社鉄骨構造物研究部長となり、生涯をささげる。ギャラビ高架橋の建設や、自由の女神像の建造にもかかわり、技師エミール・ヌーギエ（一八四〇—一九〇〇）や建築家ステファン・ソーヴェストルとともに、エッフェル塔の設計案や鉄骨構造の計算に協力した。エッフェルのあとを継いで、ルヴァロワ・ペレ鉄骨構造物建設会社社長、エッフェル塔会社社長に任命され、一九四六年スイスのヴェトーで没。

ステファン・ソーヴェストル

一八四六年生まれ、一八六八年建築学校建築科卒業。翌年モン・サン＝ミッシェル修道院建築に関する研究で受賞（シャルル＝アルベール・ゴーティエ（一八四六—一九一五）と共同研究）。二二歳でブレスト劇場改造の監督に任命され、次第に建築家として認められるようになる。パリの新開地プレーヌ・モンソー地区に多数の別荘や邸宅を建設。エッフェルとの最初の仕事は、一八七八年万国博のガス・パビリオンの建造だった。エッフェル社の建築部長となり、モーリス・ケクランやエミール・ヌーギエとともにエッフェル塔の設計を担当した。

訳注2　パナマ事件はパナマ運河建設をめぐる、第三共和制最大の政治・金融スキャンダル。一八八一年レセップスはパナマ運河建設に乗り出したが、一八八九年事業は清算され、フランス政界への政治工作が問題化した。エッフェルは建設業者として建設に参加し、事件に巻きこまれ、起訴された。判決は懲役二年、罰金二万フランであったが、エッフェルは控訴し、最高裁で無罪となった。この事件は長く心の痛手となった。

ギエと協力してエッフェル塔の設計案と建設に従事した。その後ムニエ一族の建築家として、さまざまな個人的建築物を建て、一九〇五年ノワジエルのチョコレート工場の工業用地を近代化した。一九一九年没。

新しい建築にはつきものであるが、エッフェル塔は同時代の人々の反感を買った。一九世紀の他の建造物にもまして、最初の設計案の段階から、この鉄塔は激しい反対にあった。しかし竣工後は次第に認められるようになった。一方、パリの中心部の鉄骨建築ということで、厳しい美的批判にさらされた。

建築コンクール

一八八〇年代末には高層タワーの建設は珍しくはなかった。アメリカではワシントンに、高さ一八三メートルの塔を建てようとしたが、工事中のトラブルのため、実際に完成した建物の高さは一六九メートルとなった。

当時は他にも多数の建設計画があり、実現には至らなかったが、エッフェルの注意を引いたものがある――もっともエッフェルの協力者たちは、一八八九年の万国博の塔を考案した時には全然気づかなかったと言っていた。一つは、一八三三年、イギリス人技師リチャード・トレヴィシックの考案による塔で、高さ一〇〇〇ピエ（三二四・八〇メートル）、土台の直径三〇メートル、頂上の直径は三・六〇メートルあった。もう一つは、アメリカ人技師クラークとリーヴズが一八七四年、アメリカ独立百周年記念、フィラデルフィア万国博用に提案した鉄の円柱で、直径九メートルの円柱を三〇〇メートル以上の高さで直立させようという計画だった。これについて、エッフェルは次のような言葉を残した。「この設計案は評判もよく、新大陸には革新を尊ぶ気風もあったのではあるが、建造物があまりに斬新に見えたり、資本が不足したりして、最後の土壇場でこの案は流れてしまった」（G・エッフェル、一九〇二年）。

一方一八八五年、一八八九年の万国博覧会の計画が告知されると、フランスの建築家ジュール・ブルデー――一八七八年の万博会場トロカデロ宮の設計者ガブリエル・ダヴィウの協力者――は、高さ五〇メートルの電気照明の灯台をのせた高さ三〇〇メートルの花崗岩の塔を考案した（三五頁）。「塔身は金属板や打ち出し加工銅板でおおわれた石造で、その平均直径は二八メートル、断面は下から上へ行くに従って細くなる。五層に分かれ、それぞれ柱列で飾られる。記念の柱頭が建物に花を添えて、頂上には電気照明の灯台が聳え立つ」。設計者ブルデはさらに、塔の最上階に、「空気療法を希望したり、塔に登る手間はかかるが、山の澄んだ空気を吸いたいと思う人々のために」病院を設置することを提案した（『建築と公共事業』誌、一八八五年）。

ジュール・ブルデの企画とエッフェルの設計案が競い合う中で、パリに巨大な塔を造ろうとする計画が具体化した。共和国大統領ジュール・グレヴィ、上院議長シャルル・ルイ・フレシネ、商工大臣兼万博事務総長エドワール・ロクロワなどの政府要人は、フランス革命百周年記念事業として、前代未聞の塔を建てる計画を立てていた。そこで、一八八九年の万国博覧会のための「建築コンクール」を開催し、入賞者に塔の建築を任せることにした。そのための法令が起草された。

一八八九年の万国博覧会のための「建築コンクール」の条件に関する一八八六年五月一日の法令

商工大臣は、一八八九年のパリ万国博覧会に関する一八八四年一一月八日の政令と、万博関連計画の調査費用の計上に関する、一八八五年八月一日の法律により、次のように決定する。

一条　一八八九年の万国博覧会のための「建築コンクール」が開催される。目的は、アイデアを公募、検討し、再優秀作品を採用するものとする。

二条　参加者はフランス人技師、建築家に限る。

三条　万国博覧会は次の用地を含むものとする。(1)産業館と隣接の庭園。(2)アンヴァリッド広場。(3)シャン＝ド＝マルス。(4)アンヴァリッド広場とシャン＝ド＝マルスの間の両岸と周辺。広場とシャンゼリゼ庭園は臨時の橋などで連結される。

四条　建物の実質面積は、二万平方メートルの産業館（二階）を含む二九万一〇〇〇平方メートル（一階はイベント、受付、表彰式にあてる）。

五条　二九万一〇〇〇平方メートルの面積は次のように分けられる。(1) 美術用に約三万二〇〇〇平方メートル。(2) 農業用に二万五〇〇〇平方メートル。(3) 植民地用に六〇〇〇平方メートル。(4) 機械類に九万平方メートル。(5) 他の分野の展示用に一一万八〇〇〇平方メートル。二九万一〇〇〇平方メートルの中に、参加者が企画する面積も含まれる。

六条　植民地用パビリオンのそばに、キオスク、テント、個人のパビリオンなどのために、約七万平方メートルの用地をあけておく。

七条　用地については、参加者の自由とする。いかなる場合も、シャン゠ド゠マルス公園に建物を建ててはならない。

八条　主な建造物は鉄製とし、レンガ、石なども併用する。

九条　参加者はシャン゠ド゠マルスに、土台は一辺が一二五メートルの正方形、高さ三〇〇メートルの鉄塔を建てられるかどうかを検討すべきである。この塔をシャン゠ド゠マルス会場の設計図に含めてもよい。「塔」を含まない別案でもよい。

一〇条　参加者は次のものを提出しなければならない。(1) 五〇〇〇分の一の縮図の全体図。(2) 塔を含むシャン゠ド゠マルスの全体図、一〇〇〇分の一の縮図。(3) 正面、断面図、側面図は一〇〇〇分の二の比率。

さらに、九条にある通り、任意で次のものを提出してもよい。(1) 塔のないシャン゠ド゠マルスの別案、一〇〇〇分の一の比率。(2) 万国博覧会の他の部門の設計図、断面図、正面、側面図は一〇〇〇分の一の比率。

一一条　以上の条件を満たさない設計図や資料は、審査の対象とはならず、一般にも公開されない。
一二条　参加者は設計図に署名し、枠にはり、パリ市庁舎に、五月一八日午前九時から午後七時までに提出しなければならない。時間外は無効とする。
一三条　応募作品は五月一九日から二二日の四日間公開され、直ちに大臣の主宰する選考委員会にかけられる。
一四条　委員会は応募作品を大局的、かつ装飾的見地から検討、判定する。入賞作の報奨金は、四〇〇〇フランが三件、二〇〇〇フランが三件、一〇〇〇フランが六件。
一五条　入賞者は最終コンクールに参加する。
一六条　商工大臣は作品の選考には厳正な態度でのぞむ。参加者は、この条項を了承するものとする。商工省は、入賞の決定や工事の施工・管理に関する諸問題の検討、解決にあたる。
一七条　五月三日以降、応募者は商工省に、毎日一〇時から正午まで、午後二時から六時までの間に、次のものを請求できる。(1)この法令の写し。(2)五〇〇〇分の一の用地図、シャン＝ド＝マルス用地の図、一〇〇〇分の一の比率。
　商工省に請求すれば、地方の応募者にも同じ書類が送られる。

パリ、一八八六年五月一日
エドワール・ロクロワ

条文を子細に検討すると、とりわけ九条から、「塔」に関する限り、政府は建築コンクールの開催以前に、すでに大要を決めていたことが分かる。設計案の提出に一五日間という短期間しか与えられないということから、建築家の間では不信感が芽生えた。「多くの建築家にとって、一五日では構想を具体化するのは難しかった」とフェリックス・ジュリヤンは『近代建築』(一八八六年五月一五日)で述べた。一方、同じ雑誌で、ポール・プラナは「建築コンクールは見せかけであり、大臣はすでに議会に提出する予定の設計図を隠しもっているのではないかと主張したいところである」(一八八六年五月一日)と述べた。

応募総数は一〇七件で、パリ市土木部長、万博工事局長アドルフ・アルファン主宰の委員会で審査された〔三八・三九頁〕。

選考委員会のメンバーは次の通り

A・アルファン、パリ市土木部長。G・ベルジェ、国際博覧会元委員。E・ブリュヌ、建築家、美術学校教授。Ed・コリノン、土木局主任技師。V・コンタマン、工芸学校教授。キュヴィノ、上院議員。エルサン、土木協会会長。エルヴェ＝マンゴン、フランス学士院会員、メナール＝ドリヤン、下院議員。モリノス、海軍製鉄製鋼監督官。ムシェ提督、パリ天文台所長。フィリップス、フランス学士院会員。

一八八六年六月一二日、最優秀作品として選考委員会が選んだのは、フェルディナン・デュテルの設計図(これにより万国博の機械館の建設を担当することになる)と、ジャン＝カミーユ・フォルミジェの作品（美術館など）と、さらにギュスタヴ・エッフェルとステファン・ソーヴェストルの設計図であった。満場一致の採択であり、講評は「一八八九年の万国博覧会用に建てられる塔は、決定的な特徴をもち、金属産業の独創的傑作として出現しなければならない。この目的に十分かなうのはエッフェル塔のみと思われる」であった。

「無用で醜悪な」塔

エッフェルは一九世紀の多くの建設業者と同じく、構造材として鉄を盛んに使っていた。構造上の長所ばかりではなく、独特の造形美をも評価していたからだった。一方、旧来の石造建築を尊重して、鉄を建築に利用することに反対する人々も多かったが、エッフェルはそうした伝統主義から脱却しようとした。鉄を利用すれば、建築の範囲が広がり、木造建築のもたらす火災の危険も回避することができたが、新しい建築美を作り出そうとする動きはまだ見られなかった。建築術とは、才能を発揮して古典的形態を再現することであるとする建築家に対して、エッフェルは、建造物の形態はその機能を表すものであるとする機能論をもって反論した。

建設にあたって、エッフェルは鉄の特性をフルに活用した。鉄は一九世紀の特徴ともいうべき進歩思想と関連する材料である。鉄は持久力もあり、弾力性もあるため、石のような伝統的材料とは逆に、圧縮応力や引っ張り応力に耐えることができる。また鉄は軽いので、基礎工事のコストも少なくてすみ、したがって経費削減につながる。耐久性という利点もあり、部品の組み立てが比較的簡単なことも利点の一つである――エッフェル塔は二五〇万のリベットでつながれた鉄柱でできている。鉄材のため保管に便利ということもある。さらに、鉄材は、建築上の計算が正確にできること、工業生産によって経済的にも引き合うものであり、時間と人手の節約にもつながるといったメリットがあった〔四〇・四一頁〕。

エッフェルの全作品に、こうしたメリットが生かされ、建築形態の革新と多様性が見られる。実例を挙げてみよう。一八七五年着工のブダペスト西駅（ハンガリー）。アーチの長さ一六〇メートルのドゥロ河のマリア・ピア橋（ポルトガル）。一八七八年の万博パビリオン。アーチの長さ一〇〇メートルのタルド河にかかるエヴォー高架橋（クルーズ県）と、アーチの長さ一六五メートルのギャラビ高架橋（カンタル県）、この二つは一八八五年完成。「世界を照らす自由の女神」像――オーギュスト・バルトルディの彫刻による像は鉄の骨組みの上に銅をかぶせたものである。この像は一八八四年アメリカへ贈られ、一八八六年ニューヨークで祝賀会が催された。一八八五―八六年のニース天文台のドーム。その他工場、軍隊用組み立て式の橋梁などがある。

こうした斬新な作品を多数発表した技師エッフェルの評判は、次第に高まっていった。ところが、突然「塔」の設計案が公表されると、それまでに築き上げた独創的で有能な建築技術者という名声は地におちた。巨大な鉄塔がパリの中心部に建てられるということが発表されるとすぐ、建築家、芸術家、知識人、保守派を中心に反対論がまき起こった。それほどこの構想は人々にとって異質なものであり、美意識への冒瀆ととらえられたのだった。

カルル・ユイスマンス(訳注3)は『数人の人々』において、塔を「石やレンガでおおう前の、建設中の工場の骨組み」にたとえ、「じょうご形の金網」「芸術的センスの全くない足場のような建物」と酷評した。こうして、前例のない反対運動がいろいろな形で始まった。

建設工事の中止を求めて、国を相手に提訴した人もいる。シャン゠ド゠マルスのある住民は、「塔が自宅に崩落しないかと心配した」のだ。あるいは、「ラ・ブルドネ通り一〇番地ホテル所有者、ブルエ゠オーベルト未亡人」は、塔が建設されると、シャン゠ド゠マルスに入る権利が奪われるとして、「セーヌ県知事あてに、一八八六年一一月六日セーヌ県民事裁判所へ提出する訴状の事前通告」を届けた。内容は、「パリ市に、シャン゠ド゠マルスのエッフェル塔建設を禁止させ、訴訟を無視して工事が始められた場合はその解体を命令してほしい」というものだった。

建築業界からの批判も多数あった。一八六七年、一八七八年の万国博覧会を担当した建築家A・アルディは、『建築・公共事業』誌（一八八六年）で、「エッフェル塔は危険である。たとえ完全に研究され、芸術性をまとったにしても、周囲のものを台なしにしてしまうだろう。アンヴァリッドのドームを背景とするパリの美しい景観を損ないかねないのだ。それに、理性的に考えてみよう。

無用のもののために、かつてないほど精力を傾けて金を使ってよいのだろうか？」と攻撃した。『近代建設』誌は、エッフェルの設計図を「技術的にはうまく組み立てられているが、建築美には程遠い足場のようなもの」（P・プラナ、一八八六年）と批判し、ジュール・ブルデの案を支持した。

反対運動の極めつきは、一八八七年二月一四日『ル・タン』紙に発表された「芸術家の抗議文」だった。これは、塔の着工後一月もたたないうちに公表されたが、次のような多くの著名人が名を連ねていた。画家は、レオン・ボナ、ウイリアム・ブゲロー（一八五〇年ローマ賞受賞）、エルネスト・メソニエ（美術アカデミー会員）。詩人は、フランソワ・コペ、ルコント・ド・リール、シュリ＝プリドム（三人ともアカデミー会員）。作家は、アレキサンドル・デュマ・フィス、ギー・ド・モーパッサン、エドワール・パイルロン、ヴィクトロイヤン・サルド（パイルロンとサルドはアカデミー会員）。建築家はシャルル・ガルニエ（一八四八年ローマ賞受賞）。作曲家はシャルル・グノー。彫刻家はウジェーヌ・ギヨーム（一八四五年ローマ賞受賞、一八六二年フランス学士院会員）。その他、今では忘れられた多くの人々もまじっている。

結果的には、こうした反対運動はエッフェル塔の建設に大きな影響を及ぼしたわけではない。し

訳注3　ジョリス＝カルル・ユイスマンス（一八四八—一九〇七）はフランスの作家、『さかしま』。美術批評家として『近代芸術』がある。

かし、「芸術家の抗議文」はフランスの文化史上画期的な出来事であった。そういった主張はその後も形を変えて、新奇な鉄骨建築が企画されるたびにむし返されることになる。たとえば、約九〇年後レンゾー・ピアノとリチャード・ロジャーズの設計によるポンピドゥー・センターの建設の際にも、同じことが起こった。

「芸術家の抗議文」

パリ市土木部長アドルフ・アルファン氏へ、

同志よ、

我々作家、画家、彫刻家、建築家、これまで無傷に保たれてきたパリの美しさを熱烈に愛する人々は、フランスの趣味の名において、フランスの歴史と芸術の名において、首都のまん中に無用で醜悪な塔を建てることに、全力を挙げて抗議する。良識と公正な精神をもつ人々はすでに「バベルの塔」と命名した。

排他的愛国心を高揚するわけではないが、我々は、パリが世界に比類のない美しい街であることを声高に宣言する権利がある。広々とした市街地の上に、風光明媚な川岸に沿って、すばらしい遊歩道にまじって、人類が築き上げた崇高な記念建築物が聳え立っている。傑作を生み出したフランスの魂は、このいかめしい石造りの建造物の中に輝いている。イタリア、ドイツ、フランドル地方は芸術的遺産を誇ってはいるが、我々のものに匹敵するものは何もない。パリは世界中の注目を浴び、賞賛の的となっている。

これらすべてを冒瀆されても、かまわないだろうか？　パリの街は永遠に、機械の製作者の奇抜で金もうけ主義の空想に毒され、身を滅ぼすことになるのだろうか？　エッフェル塔は商業主義のアメリカでさえ欲しがらない代物であり、パリの恥である。塔の建設を危ぶむ声は至る所にあり、みなが深く心を痛めている。我々はそうした不安な人々の声を代弁する小グループにすぎない。

そのうち外国人が万国博覧会を見物にやってくるだろうが、驚いて叫ぶだろう。「おやまあ！　フランス人はご自慢の趣味を見せるために、こんな怪物のようなものを造ったのかね？」彼らが我々を軽蔑するのも、もっともである。パリは伝統的にゴシック建築の華であり、高名な建築家たちが造り上げた街だからだ。ところが万国博のころ、パリはエッフェル氏のパリとなっているだろう。

我々の主張を理解するには、一瞬でも滑稽のきわみともいうべき塔を思い描いてみるとよい。塔という野蛮な塊は、巨大で黒々とした工場の煙突のようにパリを支配し、ノートル＝ダム大聖堂、サント＝シャペル聖堂、サン＝ジャック塔、ルーヴル宮、アンヴァリッドのドーム、凱旋門などを押し潰すだろう。歴史建造物はすべて影が薄くなってしまうだろう。この先二〇年間、何世紀にもわたる歴史のあとをとどめるパリの空に、ボルト締めされた鉄板製の醜悪な円柱の醜い影が、インクのしみのように広がるのが見えるだろう。

同志よ、もう一度パリの街を救う名誉をになうのは、貴殿であります。貴殿はパリを愛し、美化し、何度も、行政上の不備や工業界の蛮行によってパリの名誉と美しさが損なわれることのないようにパリを保護された。芸術、偉大さ、正義を愛する貴殿のような芸術家がエネルギーと説得力を駆使して、この問題に取り組み、パリをお守りくださるようお願いしたい。

たとえこの警告が聞き届けられなくても、我々の主張が受け入れられなくても、パリの景観が損なわれても、我々は貴殿とともに、少なくとも名誉ある抗議を申し入れたことになろう。

『ル・タン』紙
一八八七年二月一四日

ギュスタヴ・エッフェルの反論

エッフェルはこうした攻撃に黙っていられなかった。「芸術家の抗議文」に対して、反論を同じ紙面、一八八七年二月一四日の『ル・タン』紙に載せた。建造物の芸術的、都会的美しさに関する立場を明らかにし、科学的効用を展開した。以後、作品を弁護するために、この論法をたびたび使うことになる。

「芸術家の抗議文」に対するエッフェルの反論

塔の建設に抗議する芸術家の動機は何であろうか？　無用で醜悪な塔であるとは！　無用かどうかについては、後で述べよう。ここでは、芸術家の領分である芸術性について語ることにしよう。

まず、彼らの判断の根拠があいまいである。そもそも、塔はまだ完成していないので、誰も見たことがないのだから、何人もどのようなものになるか予想はできないはずだ。今のところ、一枚の設計図でしか知ることはできないのだ。しかし、たとえ一〇万部印刷されていようと、建造物の高さや形態が一般的なものからかけ離れたものである場合に、単なる設計図からその芸術的効果を十分判定することができるだろうか？

さて、塔が竣工したあかつきに、美しいものとして関心を呼ぶようになったとすれば、芸術家諸氏は早急に反対運動に加わったことを後悔しないだろうか？　私としては、塔を実際に見てから、公正に考え正しい判断をしていただきたい。

ここで私の考えと予想を述べる。私は、塔には独自の美しさがあると思う。我々は技師であるが、技師というものは、建設の際耐久性のみを念頭におき、優美なものを造ろうとはしないというふうにお考えではないだろうか？　物理的な力の条件を十分考慮すれば、常に調和のある結果が得られるのではないだろうか？　建築美学の第一原則は、建造物の基本的な輪郭がその目的と完全に適合していることであろう。

さて、この塔に関しては、どのような条件を考慮したのだろうか？　風圧に対する抵抗である。巨大な基礎部分から出ている、塔の四つの稜の曲線は、頂上へ行くに従って細くなっているが、力強い美しさが感じられるものと思う。全体に大胆な構想であることがはっきり分かるだろう。鉄骨が複雑に組まれているのは、強風に対する抵抗を強め、塔の安定を図るためである。

塔は人類史上、最高の建物となるだろう。壮大というべきであろう。エジプトで賞賛されているものが、なぜパリでは醜悪なものとなるのだろうか？　私にはどうしても納得できない。

抗議文によれば、塔という野蛮な塊がノートル＝ダム大聖堂、サント＝シャペル聖堂、サン＝ジャック塔、ルーヴル宮、アンヴァリッドのドーム、凱旋門などの歴史建造物を押し潰すという。何とおおげさな！　笑いがこみ上げてくる。ノートル＝ダム大聖堂を眺める場合は、前庭から見る。大聖堂の前庭に立つ人は、シャン＝ド＝マルスにあるエッフェル塔は目に入らないのだから、エッフェル塔がその妨げになるとは考えにくい。

そもそも、高層建築が周辺の建物を押し潰すという考えは、芸術家の間にも広まっているが、これは間違いである。たとえば、オペラ座の方が周辺の建物に押し潰されているようには見えないだろうか？　凱旋門は巨大なので、広場の建物は本物よりも小さく感じられるだろうか？　実際はその逆で、建物は本来の高さ、約一五メートルのように見えるし、凱旋門がその三倍の四五メートルと納得するには、少し頭を働かさなければならない。

最後に、「無用」の問題であるが、芸術論ではないので、抗議文と一般の人々の意見を対比させようと思う。

率直に言って、これほど人気のある設計図もないと言って自慢するつもりはないが、パリではごく普通の人々の間でもこの計画が知れ渡っていることを毎日実感している。外国でも、たまたま旅行先でその反響に驚くことがある。

有用性については、学者の判断が求められるが、彼らの意見も全員一致している。塔は天文、気象、物理の観測・研究に寄与するとみられるし、戦時には、監視塔として役立つだろう。つまり、今世紀における工業技術の進歩の輝かしい証左となるであろう。

我々の時代になって初めて、ここ数年間に、正確な計算をし、かなり精密に鉄を加工することによって、これほどの大事業を実現できたのだ。

この現代科学の精華ともいうべきものが、パリ市内に聳え立つことは、パリの栄光にとって無に等しいことであろうか？

抗議文は塔を「ボルト締めされた醜悪な円柱」と決めつけた。この軽蔑的な語調には、少なからず苛立ちを覚える。署名した人々の中には、私の尊敬する方々もおられるが、低級な芸術を生み出している人々や、わが国の名声を高めるのにあまり貢献していない文学関係の人々もまじっている。

さて、ド・ヴォギュエ氏（訳注4）は『両世界評論』の最近の記事の中で、立ち寄ったヨーロッパの至る所で、フランスの音楽喫茶ではやっているような低俗なシャンソンが流れているのを耳にしたので、フランスが今や古代ギリシャのように文明の衰退期にさしかかったのではないかと思ったと感想を述べている。

フランスは単に娯楽本位の国ではなく、橋、高架橋、駅や近代的な工場を造るために、世界中から技師や建築技術者を呼び寄せる工業国であることを明らかにする必要があろう。この意味で、エッフェル塔は丁重に取り扱うべきであろう。

『ル・タン』紙
一八八七年二月一四日

訳注4　ウジェーヌ＝メルシオール・ド・ヴォギュエ（一八四八―一九一〇）はフランスの作家、外交官出身。ロシア文学を紹介。『ロシアの小説』。

塔の建設は技術の勝利であり、エッフェルの反論はそれを踏まえたものであった。それにより、批判勢力が攻撃した「芸術性云々」は影をひそめてしまった。一方、政治的効果を期待する人々もいたが、それを上回るものがあった。フランスの歴史家モーリス・アギュロンはこう述べた。「一八八九年に、パリは一八七八年の記録を更新した。万国博覧会は、王制の支配するヨーロッパに対して、共和国フランスが示す、繁栄や技術的芸術的進歩や国際交流のあかしだったからである。エッフェル塔が象徴するものは、鉄骨建築の近代性であり、世界一の高さという記録は、フランスの国家的威信を高めた。この二つの特徴は大革命と全くかかわりがないとはいえないが、密接な関連があるわけではない」（一九九〇年）。

規模だけとっても、エッフェル塔は明らかに技術的偉業であった。当初の高さは全体で、三〇〇・六五メートルで、二階は五七・六三メートル、三階は一一五・七三メートル、四階は二七六・一三メートルだった（一三四頁）。これほどの高さの建造に成功したのは、これが初めてであった。エッフェルの塔は、「軽くてしなやかな鋼ではなく」（G・エッフェル、一九〇〇年）錬鉄を用いた構造体で二つの要素から成っていた。一つは、台座の形の土台――台座からは四本の脚が東西南北に向けて立ち、さらに三階プラットホームまで伸びている――であり、もう一つは、その上に聳える細長い塔であった。

比較的軽いものではあるが――エッフェルによれば、その重さは七三四万一二一四キログラムで、エレベーターの金属部分は九四万六〇〇〇キログラム――塔は堅固な造りになっている。塔の各脚は四角い断面の骨組みからできている。その稜線は石造基礎底盤――圧搾空気により鉄板製ケーソンを用いて建設された――を介して巨大な塔の荷重を基礎部分にかける。圧力の斜め方向合力が基礎の中心にきわめて近い点にくるように塔脚の寸法が定められた。各塔脚の下に、すべての支点を厳密に水平に保つため調整用の水圧ジャッキを納める小屋が作られた。

下部の支柱は、それぞれ二五〇〇から三〇〇〇キログラムの重さの、一辺が八〇センチメートルの建材――端と端を合わせてまずピンで、ついでボルトで、最後にリベットで固定された――で組み立てられた。この支柱は格子状部材と水平材を組み合わせて作ったものである。三〇メートルの高さからは、各支柱の上部を支えるために、木製の足場が設けられた。この支柱が五五メートルの高さになった時、上部にそれらを結ぶ水平の梁――高さ七・五メートル、重さ七万キログラム――が置かれ、こうした梁が枠となり、その上に支柱の傾きから来る圧力がかかる。こうして二階部分が出来上がると、順次三階部分、四階部分が出来上がっていった。

建設のスピードも快挙とされた。一八八八年建築業界をめぐる社会情勢の悪化により、数日間ストがあったにもかかわらず、塔はわずか二六か月で落成した〔四二・四三頁〕。平均一五〇人の作業員が、冬は一日九時間、夏は一三時間従事した。起工式は一八八七年一月二八日、落成式は一八八九年三月三一日だった。工事期間の短縮は、エッフェルの研究の成果だった。全体図は一七〇〇枚、技術デッサンは三六二九枚に及んだ。ルヴァロワ＝ペレ工場で作られた建材を用いるプレハブ工法が効を奏したのである。

塔内の昇降方法は、建設当初から特別だった。三階までは階段、さらに頂上まではラセン階段がついているが、エレベーターもある。地上から二階までは、ルー・コンバリュジエ・ルパップ会社が連結ピストンのエレベーターを二基造った。地上から三階までは、オーティス会社が直通エレベーター（ケーブル牽引方式と水圧方式のもの）を二台設置した。最後に、エドゥ会社の水力ピストンのエレベーター一台が見物客を三階から頂上へ運んだ〔四四～四七頁〕。

エッフェル塔の祝賀行事

一八八九年三月三一日落成式があり、万国博覧会の開催日にも記念行事があった。

「一八八九年三月三一日、日曜日、エッフェル塔の頂上に国旗が掲げられた。エッフェルとパリ市議会議長の案内で、多数の市会議員、技師、ジャーナリストや数人の夫人たちが記念塔に登った。ついで塔の下で、感動的な儀式が始まった。首相ティラール氏は遅れて到着したため、一行が降りてくるのを待ち受けていた。数人がスピーチをした。ティラール氏がエッフェル氏に、レジオン・ドヌール勲章の授与を伝えた。パリ市議会議長、技師たち、一介の職人たちによるスピーチもあり、最後にエッフェル氏自身が関係者に謝意を述べた」（パリ市議会議長エミール・ショータン、一八八九年）。

エッフェル塔株式会社の設立——永続性の保証

三〇〇メートルの記念塔の建設をめぐって賛否両論が渦巻く中で、エッフェルは実現の可能性を危惧したのだろうか。実現へ向けて、財政的裏付けを考えるようになった。

エッフェルは計画の実現のため、四〇〇万フランの拠出を申し出た。パリ市がこれを受け入れ、一八八七年一月八日当事者間で協定が交わされた。当事者とは、商工大臣、一八八九年万国博覧会事務総長、政府の代表エドワール・ロクロワと、セーヌ県知事、パリ市代表ウジェーヌ・プベルとギュスタヴ・エッフェルである。こうしてエッフェルは事業主の資格で、塔の建設に取りかかった。この協定によれば、「事業の範囲は、地下の基礎工事、石造の基壇、鉄骨骨組一式、各階の広間の建設と内装、避雷針と付帯設備一式とする。ただし、万国博事務局に一任される塔周辺の敷地の整備や、大通りや広場への改修、その他の整備は含まれない。これらはいかなる場合も、エッフェル氏の負担すべきものではない」となっていた。工事費用としてエッフェルは一五〇万フランの補助金と、万国博会期中「エレベーターやレストラン、カフェを設置したりして」収益をはかるため、塔を利用する権利を得た。万国博終了後は、パリ市が塔の所有者となるのであるが、「エッフェル氏は工事費用を補うため、一八九〇年一月一日から二〇年の期限つきで営業権を保有するだろう。

1889年のエッフェル塔建設費

ギュスタヴ・エッフェルの支払いの総額	7,392,304.97
基礎工事	701,127.08
上部構造	5,734,622.90
その他	956,554.99
エッフェル塔会社の支払い額	407,096.34
塔の総コスト	7,799,401.31

出典：ギュスタブ・エッフェル，1902年

その後営業権はパリ市に返還されるだろう。二〇年後の塔の返還は、通常の維持管理の状態であれば、エッフェル氏による特別の改修を必要としない」ということであった。

エッフェルは事業の基盤を固めるために一八八八年一二月三一日株式会社を設立した。すなわちエッフェル塔会社である。資本金は五一〇万フラン、額面五〇〇フランのものが一万二〇〇株、一万株は創立者に割り当てられた。

一八八七年一月八日の協定は、エッフェルの財政的手腕を示すものである。記念塔は大成功を博し、反対派にとっては厳しい結果となった。オープン前から、人々が押しかけた。「この巨大な塔には威信のようなものがあるに違いない。とにかく、すさまじい人気である。日曜日には、大勢の人々が四方八方から押し寄せてきて、周辺に群がり塔を見物している」（『ル・タン』紙、一八八九年四月）。一般公開の第一週目から、エレベーターがまだ動かないのに、二万八九二二人が徒歩で塔に昇り、万国博の最後には一九六万八二八七人の入場が記録された（G・エッフェル、一九〇〇年）〔四八～五一頁〕。この成功により、エッフェルはかなりの収益を得た。塔が公開されてから一年後、エッフェル塔株式会社の株主は償還を受け、一九〇〇年の万国博覧会

エッフェル塔会社が1889年から1905年までに得た収入（フラン）

年	収入	その他*	総額
1889	5,983,930	593,404	6,577,334
1890	696,394	97,528	793,923
1891	576,123	72,502	648,625
1892	468,505	85,264	553,770
1893	443,148	73,646	516,794
1894	357,027	51,175	408,202
1895	367,390	60,207	427,597
1896	369,948	61,736	431,685
1897	323,437	51,647	375,084
1898	291,692	48,467	340,160
1899	241,014	42,123	283,137
1900	1,896,801	428,895	2,325,696
1901	188,255	34,098	222,353
1902	203,649	20,891	224,540
1903	227,499	36,067	263,566
1904	232,529	33,996	266,526
1905	263,991	35,420	299,411
		（総計）	14,953,403

出典：アドルフ・シェリウ，1906年
*その他は，バー，レストラン，劇場，自動販売機，望遠鏡サービスなどの契約料など

の前に配当金が支払われた。

塔の建設時には、公共団体が一民間企業に塔の建設と資金の調達を任せ、民間企業の方は一時的営業権を得るというシステム——現代的な意味での営業権の譲渡契約——は、永続性が保証される限り、うまく行くように思われた。一般論とは逆に、さらに万国博用建造物の通常たどる運命とは異なって、エッフェル自身は塔を一時的な建物と見なしたことは決してなかったようである。

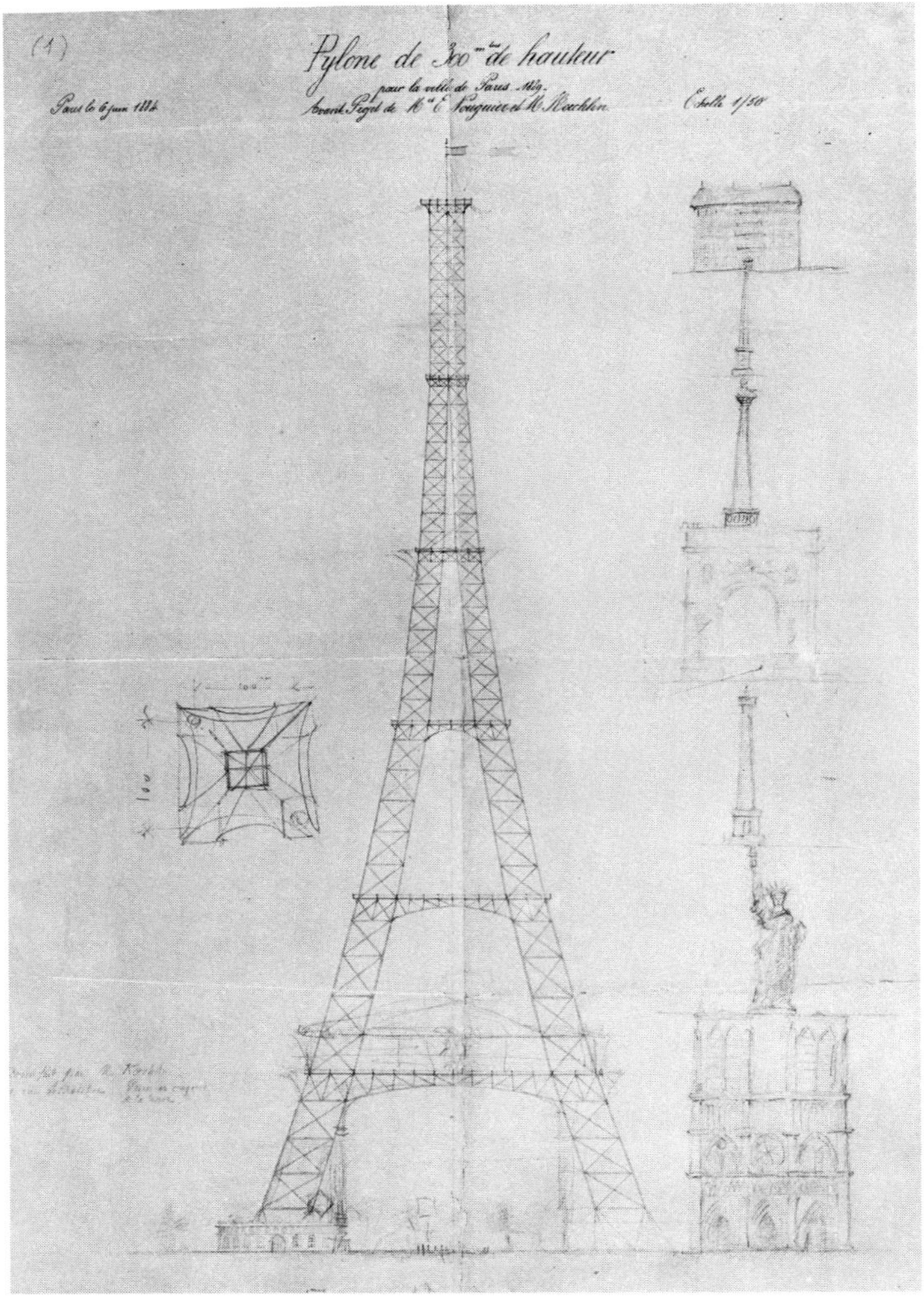

ステファン・ソーヴェストルが加筆する前の，エミール・ヌーギエとモーリス・ケクランの原案（1884年6月6日）．4本の梁柱から成る鉄柱塔で装飾性は一切ない．フランス革命百周年記念塔の前身である．

技師ギュスタヴ・エッフェルに対抗して，建築家ジュール・ブルデは伝統的な石造の塔の建築を提案．頂上に灯台や空気療法の病院を備えたもの．

塔北脚のギュスタヴ・エッフェルの胸像．彫刻家ブルデルの手によるもので，1929 年 5 月 22 日エッフェル一族臨席のもとに除幕式が行われた．政府を代表して，フランス学士院会員ジェルマン・マルタンは「偉大なるフランス人の思い出を永遠にとどめる記念像」とたたえた．

塔の工事現場．中央はギュスタヴ・エッフェル，左は建築家ステファン・ソーヴェストル，右は女婿アドルフ・サル．その他協力者たち．

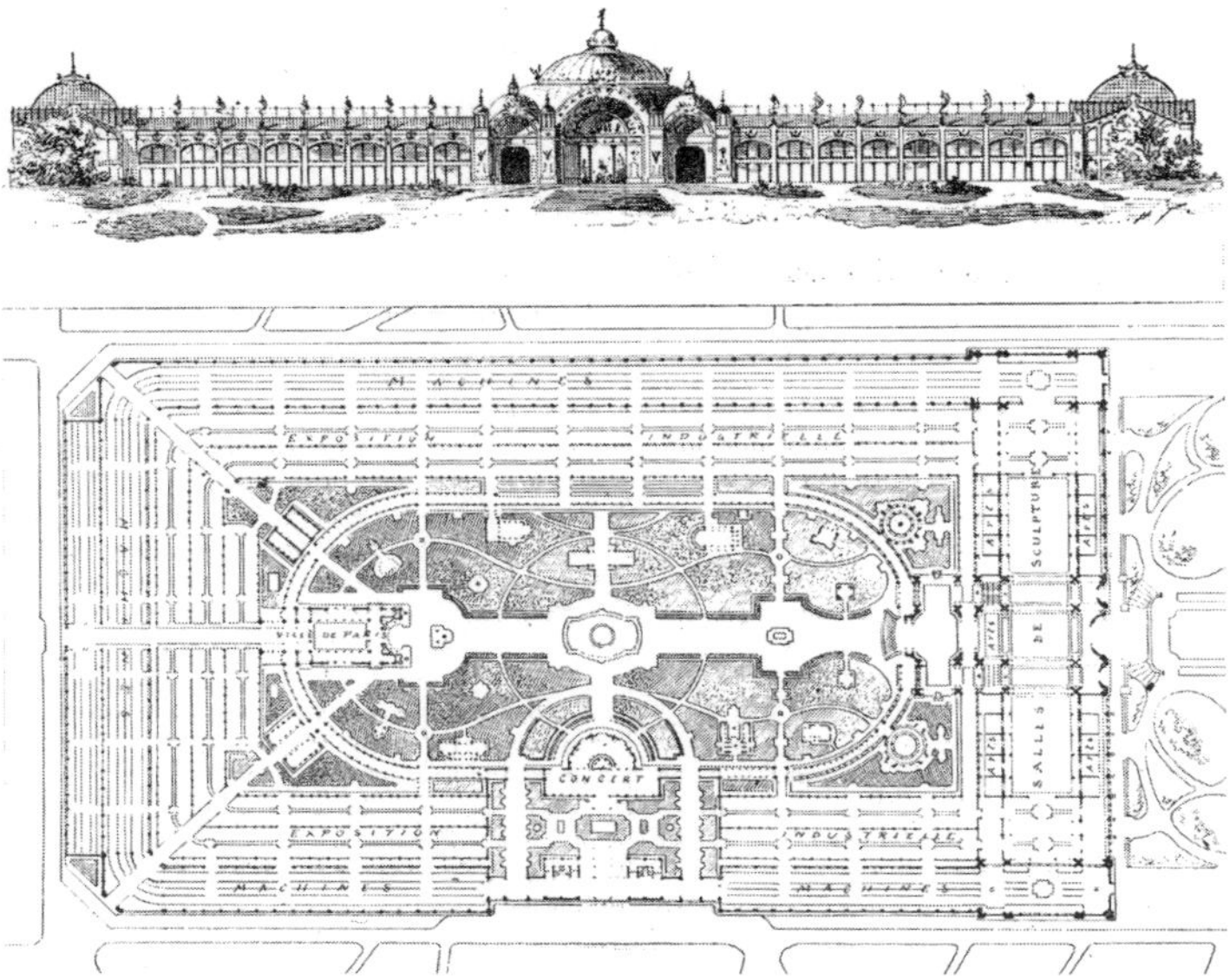

1889 年万国博建築コンクールの応募作品 107 のうちの 1 つ．建築家オシュロとジロの設計案．庭園の前に配置された，金属製ではあるが石造のように見える建物．この左右対称の宮殿には，美術学校出身の建築家たちの壮大さへのあこがれが見られる．

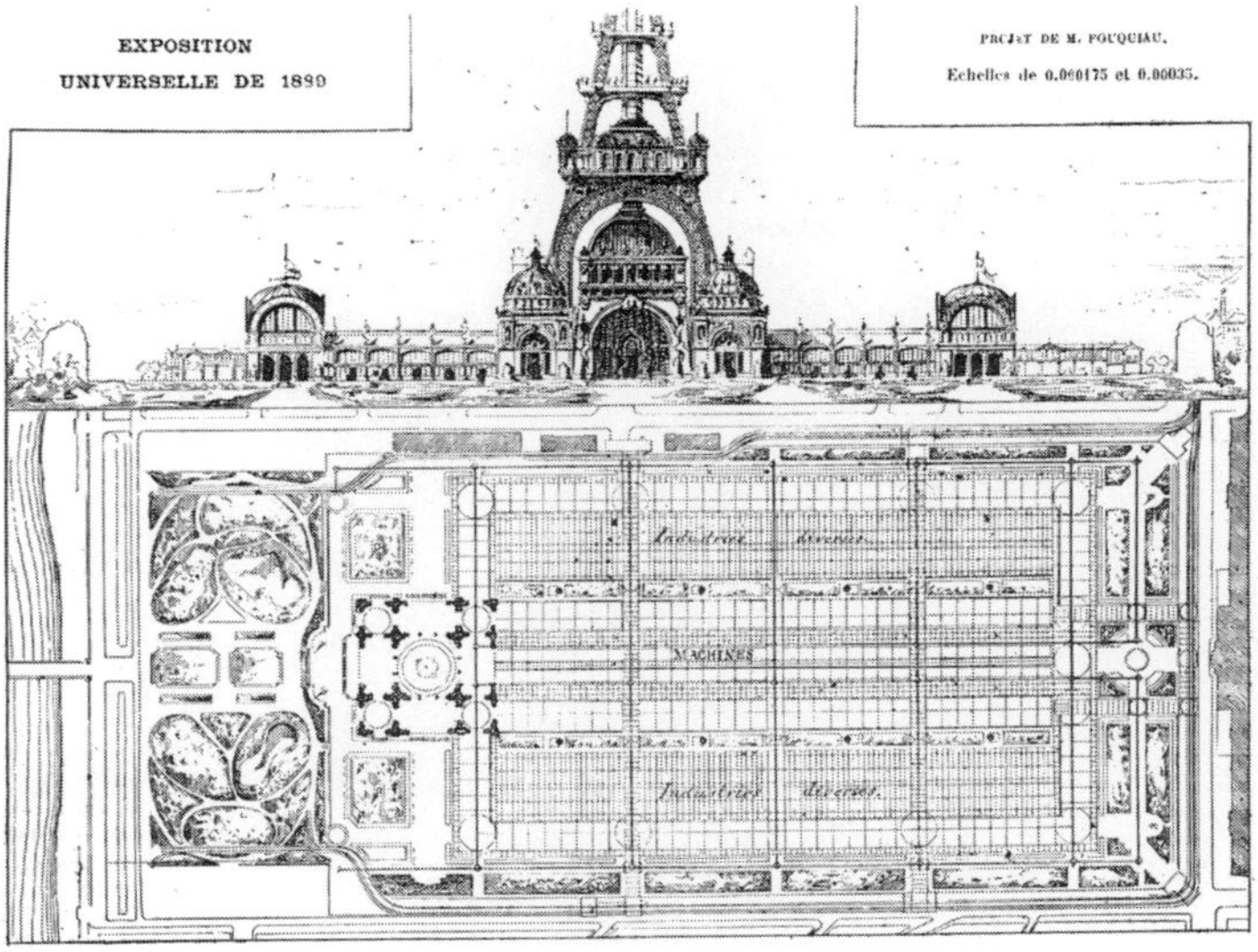

1889年万国博建築コンクールの応募作品107のうちの1つ．「審美的で見事な作品」（A.アルディ『建築・公共事業誌』1886年13号）とされた．2つの玄関ホールをもつ建築正面―ベニス風ビザンチン様式．

エッフェル塔の工事現場でリベットを打ちこんでいるところ．リベット締めは19世紀の鉄骨建造物において最もひんぱんに使用された工法．この技法は施工が難しく，しかも出来上がった建造物も，接合部分に水が入りやすく腐食を生じやすいため，常にチェックする必要があった．20世紀後半にはすたれ，代わって溶接工法が用いられるようになった．

L'EXPOSITION DE PARIS

DE 1889

Prix du numéro : 50 centimes	Journal hebdomadaire. — 15 novembre 1888.	Prix du numéro : 50 centimes.
ABONNEMENTS. — PARIS ET DÉPARTEMENTS : 20 FR.	Nº 2	LA PUBLICATION SERA COMPLÈTE EN 10 NUMÉROS.
Adresser les mandats à l'ordre de l'Administrateur.	BUREAUX : 8, RUE SAINT-JOSEPH. — PARIS	*Adresser les mandats à l'ordre de l'Administrateur.*

LES TRAVAUX DE LA TOUR EIFFEL. — A 180 MÈTRES EN L'AIR. — BOULONNAGE DU JOINT DES DEUX ARBALÉTRIERS

『1889年パリ万国博』紙，1888年11月15日号第1面．地上180メートルで，塔の2つの合掌部分をボルト締めしているところ．塔の建設には前例のない作業が多く，危険な条件のもとで熟練工が活躍した．

1887年エッフェル塔の4本の脚柱が地上で組み立てられるところ．中央後方に見えるのは，1878年の万国博用にガブリエル・ダヴィウが建てたトロカデロ宮．塔はエッフェル社の技術を結集して，プレハブ工法により工期26か月という短期間で完成した．この写真から，エッフェル塔がトロカデロ宮とともに都市の風景の中に定着していることが分かる．

1888年5月．建設中の2階部分を支える足場がまだ見えるが，後方のトロカデロ宮のシルエットも見える．

当初，塔の頂上へ上るには，階段が3階まであり，その上へはラセン階段が通じていた．右のページは，2階と3階の間の階段．上図は，1889年ラセン階段の上に立つギュスタヴ・エッフェルと女婿アドルフ・サル．

エッフェル塔の建設直後設置されたエレベーターのメーカーは，ルー・コンバリュジエ・ルパップ社，オーティス社，エドゥ社の3社．
右のページ．ルー・コンバリュジエ・ルパップ社の連結ピストン式のエレベーターが見物客を地上から2階へ運んだ．
上．エドゥ社の水力ピストン式の2階建てエレベーターが入場者を3階から頂上へ運搬した．乗客は地上200メートルの中間地点でキャビンを乗り換えた．

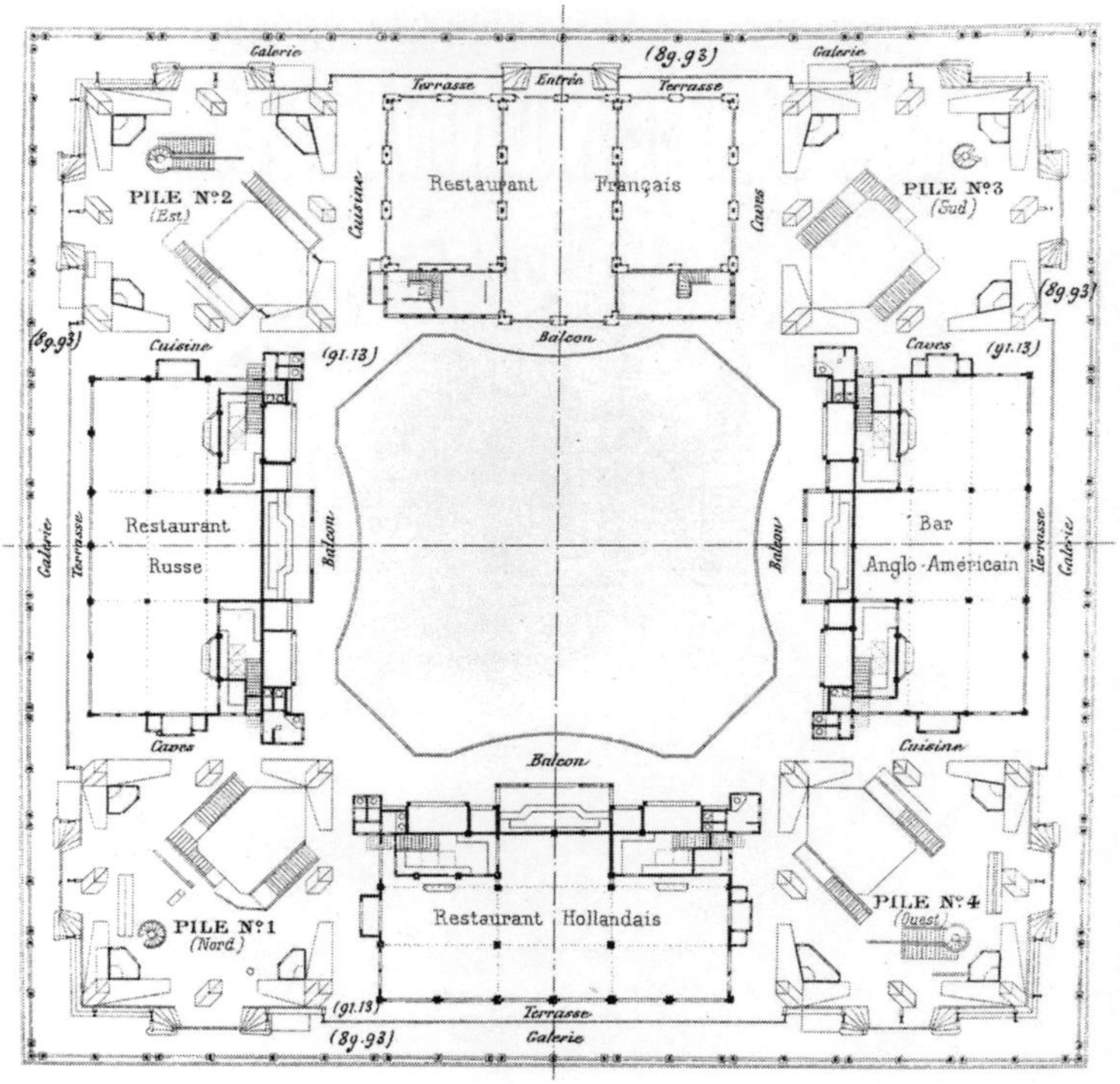

エッフェル塔は開業と同時に大成功を博した．最初は塔の技術的功績をたたえる風潮が強かったが，その時期が過ぎると，塔の２階展望回廊は家族総出で散歩する人気スポットとなった（右のページ）．劇場，レストランなどの設備もあり，常連客も多かった．上の図は，フランス料理店，アングロ・アメリカン料理店，オランダ料理店，ロシア料理店がある．

エッフェル塔は1889年万国博のスーパースターであり，鉄骨建築の勝利でもある．図は，パリーリヨンー地中海鉄道会社の万国博開会式用割引切符の広告（1889年5月1日から15日まで発売，パリ行き，25%割引とある）．

1889年，エッフェル塔は19世紀末特有の装飾をまとって，万国博会場入り口に聳え立った．

Ⅱ章　都市の景観とエッフェル塔

一八九二年第三共和制最大の金融スキャンダルともいうべきパナマ事件が発覚した。エッフェルはそれに巻きこまれ起訴されたのである。

一八八七年フェルディナン・ド・レセップスはパナマ運河の建設にあたってエッフェルに協力を求めたため、エッフェルは建設業者として事業に参加し、契約金額は一億二五〇〇万フランに上っていたのである。

一八九三年二月九日背任罪で罰金つき有罪判決が下されたが、六月一五日最高裁で起訴事実は無効とされ、エッフェルは無罪を勝ち取った。

パナマ運河事件においてエッフェルの果たした役割

工事開始後七年間で一〇億フランを注ぎこんだレセップスの計画は、スエズ運河と同様に同一水位方式の運河の建設であったが、所定の時期までにこれを完成させることは不可能であった。レセップスは運河の開通を一八九〇年と予定していた。そこでレセップスは、その代わりに階段状の水路と大水門からなる運河を暫定的に建設することにした。開発利益を原案の実現に使うつもりであった。そこでレセップスはエッフェルに一〇の水門の建設を委ねた。この高低差は、一〇か所のうち七か所は一一メートル、残りの三か所は八メートルとなるはずであった。工事金額は一億二五〇〇万フラン、工期はわずか三〇か月とした。

工事が一年ほど順調に進んだころ、突然運河会社は債券の発行ができなくなり、清算に追いこまれ、支払いは中断した。エッフェルは工事中断という不幸な事態を避けるため、心もとない保証ではあったが、八〇〇万フランを肩代わりして工事を続行した。一八八九年七月、工事契約は解約され、最終的に貸借の整理をする羽目となった。

しかし、この事件は政治的に利用された。議会の一部には、政権打倒運動が失敗したあとの復讐手段として、株主や債権者の不満を利用しようとする動きがあった。一八九三年エッフェルは運河会社の経営陣とともに、パリ法廷で有罪判決を受けたが、この判決は最高裁判所で破棄された。そもそもエッフェルは一介の建設業者にすぎず、請負契約に従って仕事をしただけだった。会社の活動全般については、責任のない立場だったのである。パナマ運河会社は清算され、エッフェルに対する負債を支払った。ついでエッフェルは、運河の完成を目指して設立中の新会社に対して、一〇〇〇万フランの出資を申し出た。

（J・プレヴォ『エッフェル』一九二九年）

このころエッフェルはすでに六〇歳を過ぎていたが、この事件をきっかけに別の人生を歩むようになった。すなわち、建設部門を退き、気象学、空気力学、無線電信の分野の実験に専念することになる。この三分野は部分的にはこれまでの活動の延長ともいえるが、一八八九年万国博のシンボル・タワーの科学的有用性を具体的に証明する機会ともなったのである。塔そのものを使って実験を行うことにより——当時は科学万能の時代で、実験は重視されていた——エッフェル塔を社会的存在とすることができたのである。

科学技術に役立つ塔

最初に塔が大いに役に立ったのは、気象の分野であった。一八九〇年中央気象観測所が頂上に観測所を設置した。これにより、温度、気圧、降雨量、風速、風向などの測定・記録が可能となった。こうした研究はエッフェル所有の他の観測所（所在地はパリ地方のセーヴル、コート・ダジュールのボリュ、ジロンド県のヴキ、ブルターニュ地方のプルマナ、スイスのヴェヴェイ）でも行われ、その成果は天文学者カミーユ・フラマリオンの協力を得て科学的業績として出版された。

エッフェルがエッフェル塔を利用して、次に貢献したのは空気力学である。一九世紀末に、空気力学の現象は――すべての建設業者の課題であったが――よく知られておらず、技師たちは経験に基づいて設計をしていたが、時にはタルド高架橋の崩落のような事故が起こることもあった。問題の高架橋工事はエッフェル社が設計・建設にあたっていたが、一八八四年暴風雨で建設中の橋は崩落したのである。

塔の建設自体にも、風圧と関連する安定性の問題が含まれていた。一八九二年物理学者ルイ・カイエテは塔の高い所から軽い物体を落として、空気抵抗の測定を試みた。一〇年後一九〇四年、エッフェルはこの実験を再開した。独自の実験装置を作って、重い物体の落下に関する一連の実験を行い、形に応じて変わる風圧に対する抵抗を研究した。一九〇七年エッフェルは塔の脚柱の所に風洞を作って研究し、一九一二年からはパリのボワロ通りの研究所でさらに研究を続けた。それらは航空学の発展に大いに寄与したのである〔七八・七九頁〕。

一九二二年一一月二八日アメリカ下院で、ピエール＝エティエンヌ・フランドラン、航空担当国務次官はエッフェルの先駆的役割を評価してこう述べた。「航空学はフランスで誕生したことを思い起こしていただきたい。全世界で初めて航空学の法則を打ち立てたのは、フランスのエッフェル氏であります。氏は世界初の航空研究所を自費で設け、研究に専念しました。その功績は永遠の賞賛に値するものと思われます」（一九二九年、J・プレヴォ）。

とはいえ、エッフェル塔の有用性が多くの人々の心に刻まれたのは、誕生間もない電信を通じてであった。塔の四階に軍部は最初の可視方式信号通信機を設置したが、すぐに無線電信施設がその座を奪った。一八九八年一〇月と一一月に、ウジェーヌ・デュクレテとエルネスト・ロジェが四キロメートル離れたエッフェル塔とパンテオンとの間で無線連絡を行った。実験は一応の成果を挙げ中断された。

さて、ギュスタヴ・フェリエ大尉は――一九〇三年エッフェルは物理学者エルテール・マスカールを通じて彼と知り合ったのだが――資金があれば、デュクレテとロジェの電波実験を再開したいと思っていた。そこでエッフェルはエッフェル塔の未来をその実験に託し、無線電信局の設置費用を負担して、大尉に塔を自由に使ってもらうことにした。電信局は一九〇四年一月二一日設立された。電信局は最初シャン゠ド゠マルスのシュフラン通りの小さな木造家屋に設けられたが、一九〇九年塔から二〇〇メートルの地下の建物に移設された。景観上の問題と騒音対策からであった。送信機の火花の騒音が周囲の住民を悩ましたからである。この局の送受信範囲は徐々に拡大した。一九〇九年二月経度局の要請により、時間信号の伝送課が編成された。こうして塔は時間の国際機関の創設と、地球全体を対象とする時間の統一に寄与することになった。

第一次大戦前夜、電信局は国土をカバーする電信網の軍司令部となり、通信を傍受・記録するセンターとなった。戦争中塔の有用性は計り知れないものがあった。ドイツ軍の侵入は、部隊相互間で交わされる通信の傍受によりキャッチされた。マルヌの会戦の時は、電信局がキャッチした情報のおかげでパリの軍事指導者ガリエニ将軍は、パリのタクシーを動員して、予備隊を移送し、ドイツ軍の侵攻を阻止することができたのである。塔を舞台とする電波の冒険は戦後も続き、塔はラジオ放送、ついでテレビ放送の重要拠点となるに至った。

次に、フェリエの経歴を記す。

ギュスタヴ・フェリエ

一八六八年サン＝ミシェッル＝ド＝モーリエンヌ（サヴォワ県）に生まれ、ポリテクニーク（理工学校）卒業後軍人となる。一八九一年大尉、一九三〇年将軍となる。無線電信の専門技師。政府の命により、無線電信の軍隊への応用に専念、一八九八年電波探知機を完成、一九〇〇年のパリ電気会議に出品。一九〇四年エッフェルの協力を得て、エッフェル塔無線電信局を創設。軍用無線電信の研究のおかげで、フランス軍は第一次大戦中この分野で重要な役割を果たすことができた。無線電信中央研究所所長、国立電波技術研究所所長、国際X線連合会長。一九二二年ラジオ放送の最初の実験に貢献。フランス学士院賞受賞。一九二二年科学アカデミー会員。一九三二年パリで死去。

エッフェル塔を科学的実験を行う場所とし、国防ばかりではなく基本的分野においても、積極的に利用することによって、エッフェルは「エッフェル塔無用論」に対して自らの立場を強めていった。一方反対派は塔の建設後数年経っても、シャン＝ド＝マルスの改造計画に際して、塔が消滅することを期待していたのだ。

一八八九年と一九〇〇年のエッフェル塔とシャン＝ド＝マルス

一八八九年の万国博の準備段階から、三〇〇メートルの塔の建設に反対する人々は塔をパリの中心から遠ざけようとしていた。とはいえ、塔と万国博はすぐに結びつき互いに離れられないイメージとなった。そこで、塔の建設場所は二つに絞られた。一つはシャン＝ド＝マルスで、地形的に三〇〇メートルの塔にはふさわしくないという人々もいた〔四二頁〕。もう一つはトロカデロであった。そこは、ガブリエル・ダヴィウが一八七八年の万国博用に建てたトロカデロ宮がすでにあることから、トロカデロ宮と金属の塔が対決する形になりかねない危険があった。それに、真下に昔の巨大な地下採石場あとが空洞になっていることから、万国博担当者はトロカデロ案を不採用とした。そのうち、塔を万国博入り口として使う案が浮上し、最終的にシャン＝ド＝マルスの地が選ばれることになった〔八〇頁〕。エッフェルの回想には、「結果的に、配置としては最高の選択であった。実際塔はシャン＝ド＝マルスの万博会場へ至る入場門として堂々と聳え立ち、半円形のアーチの下から、万博会場の中央ドームが浮かび上がるのが見えた。つづいて、機械館や美術館などが見事に連なっているのが見えた」（G・エッフェル、一九〇二年）とある。

一八九〇年三月二九日、協定（同年七月三一日の法律により承認された）により、それまで国に属していたシャン＝ド＝マルスの所有権はパリ市に移った。とはいえ、パリ市は契約当事者間の合意がなければ、用地を譲渡することはできなかった。協定の一部を引用しよう。「新たに万国博がパリで開催される場合は、国は間違いなくシャン＝ド＝マルスと建物を無料で使用できるだろう。ただし、原状回復は国の負担によるものとする。あるいは、パリ市にとって現在の条項の修正が望ましい場合は、国は必ずパリ市と協議することができる」（一九〇三年、パリ市議会）。

一九〇〇年の万国博の際にも、シャン＝ド＝マルスに聳え立つエッフェル塔の位置が再び問題となった。実は、一八九四年万博準備委員会は、参加する建築家たちは塔に修正を加えた設計案、または塔を含まない設計案を出してもよいと決めていたのだった。そこでエルテール・マスカールは、塔の経営・管理を監督するためセーヌ県知事より任命された委員会の委員長であったが、万博事務総長アルフレッド・ピカールにこう書いた。「万博準備委員会に欠席したのは残念であるが、出席していれば、世界的にユニークな傑作を保存する理由を認めてもらうために全力を尽くしたであろう」（一八九四年七月一九日）。マスカールは手紙の中で塔の修正案に反対した——「多分塔を高く伸ばすわけではないだろう」と皮肉って続けた。「修正するとすれば、下部構造のみを残して塔を低くするしかないであろうが、そうすればきっと反対の世論がわき起こるだろう」。彼はまた塔の撤去案にも反対した。「一九〇〇年の万国博をぶち壊しかねないのだから、準備委員会がその案を進めるはずがない」という理由であった。

議論の末、エッフェルはまたも勝利を収めた。一八九七年一二月二八日万博事務総長アルフレッド・ピカールとエッフェル塔会社代表取締役ガブリエル・トマとの間に協定が交わされ、次のように決まった。一、塔は一九〇〇年の万博会場の中に含まれる。二、会社は一八八九年と同じ条件で万国博の会期中塔を経営する。三、ただし、経営・管理に関する費用は会社側の負担とする。

エッフェル自身も万国博に備えて塔の改装工事を行った〔八一頁〕。まず照明の近代化であるが、一八八九年の万国博に用いた数千のガス灯を五〇〇〇の電灯に変えた。ついでプラットホームでの人の流れをスムーズにするために、床面積を増やすとともに、エレベーターの動力も水力から電力へと変えて、台数も増加した。

一九〇〇年に、エッフェル塔のプラットホームに加えられた改装工事

第一プラットホーム（二階）

第一プラットホームの面積を増やすわけにはいかないので、人の流れをスムーズにするためには、現行の床面積を活用するしかなかった。とりわけレストランの後方部とプラットホーム中央部との間の通

路が極端に狭く、通行の妨げとなっていた。さらに、プラットホームの一部には、ほとんど使われていないスペースがあった。そこを利用して、内側の通路を二メートルほど長くした。全体にお祭り気分を出すため、店やバーを設けた。それぞれの店は個性的な飾り付けをした。

第二プラットホーム（三階）

第二プラットホームには第一プラットホームよりも大規模な改装工事が行われた。実際一八八九年の万博会期中は、この階は特に混雑していた。見物客たちはエレベーターの乗り換えのため、場所を移動し長い行列が続いていたのだ。それに、水圧エレベーター用の大きな貯水タンクがあるせいもあった。この階は塔の中で一番の人気スポットなので、見物客にとって一番魅力のあるものにしようとした。外に展望用のテラスを張りめぐらせた。三階のあちこちに散らばっていた小さな店を中央のパビリオンにまとめた。

しかしこうした改装をすれば、プラットホーム自体の重さを増やすことになりかねなかったが、それは不都合なことであった。この改装計画の前提は、場所ふさぎのエレベーター用の貯水タンクの撤去であった。貯水タンクは満タンの際は、一〇〇トンを超えていた。こうしてこの階に連絡するエレベーターは蓄電池式に変えられた。同時に、レンガの床も撤去された。原注*

第三プラットホーム（四階）

第三プラットホームはほとんど変更はされなかったが、仕切りの木材が金属に変えられた。この階の部屋はそれまでエッフェル専用であったが、一般に公開された。そのため床が補強され、木材から鋼板に変えられた。

エレベーターのキャビンの二階席へ通じる通路が改修された。さらに、数軒の店が設置された。防災のため、扉には鋼板が用いられた。

最後に、塔頂部にエッフェル用の小さな小屋が設けられた。小屋はガラスがはめられ、鋼板製、六角形だった。横五メートル、縦二・一二メートル。上の部屋からは階段で通じている。〔一三四頁〕

ギュスタヴ・エッフェル、一九〇二年

一九〇〇年、改装後のエッフェル塔には一〇二万四八八七人の入場者があった。相次ぐ成功のおかげで、塔の賛成派は万国博の閉会直後から再燃した景観論争に有利な立場を占めた。

シャン＝ド＝マルスの整備と美化

整備計画をめぐる論争は、パリ市長が一八九〇年三月二九日の協定条項を杓子定規に適用しないことにして、一九〇〇年の万国博後の首都の整備計画を考えた時に始まった。市議会の承認を得て、市長は政府に、シャン＝ド＝マルスの一部譲渡の許可を求めた。譲渡された用地に公園を設置し、

原注＊　このプラットホームの床はもともとレンガに板をかぶせたものだったが、鉄筋コンクリートの床に変えられた。

あわせて万博跡地（アンヴァリッド広場、セーヌ川両岸、シャンゼリゼ）の整備を図る計画であった。そこで交渉が始まり、一九〇二年一月一五日国とパリ市の間で新たに協定が交わされた。国の代表は商工・郵政大臣アレキサンドル・ミルランと財政大臣ジョゼフ・カイヨー、パリ市の代表はセーヌ県知事ジュリヤン・ド・セルヴであった。

一九〇二年一月一五日の協定

三条―国はパリ市に以下の権利を認可する。

一、一八八九年万博の機械館の撤去。

二、ラ・ブルドネ通りとシュフラン通りとの間の、最小五〇平方メートルに及ぶシャン＝ド＝マルス用地の譲渡（……）

四条―譲渡収益は、一〇〇〇万フランまではパリ市に属するが、それ以上の金額については、まず二〇〇万フランは国に払いこまれるものとし、農産物展示用の用地整備に充てられる。さらに超過分があれば、国とパリ市で折半するものとする。

五条―パリ市が受け取る譲渡益一〇〇〇万フランは、シャン＝ド＝マルスの中央を占める公園の整備と美化作業に充てられる。とりわけ一九〇〇年の万博跡地については、政府と協議の上市議会の承認を得た計画に従うものとする。

シャン＝ド＝マルスの整備計画は重大であった。都市型大公園を造り、周辺の人出の少ない地域を活性化しようとするものであった。休息と散歩用の公園や、交通網を含む一大計画だった〔八二頁〕。問題が山積して、セーヌ県知事は詳細な調査を命じた。「パリ市の歴史に残る大事業」（一九〇三年）であるという認識のもとに、知事は古都パリ保存委員会とセーヌ県技術審議会とから成る「高名な芸術家たち」に調査を委ねた。意見がまとまると、一九〇三年一一月二七日パリ市の計画案が市会議員アドルフ・シェリウにより、市議会に提示された。こうして、エッフェル塔を取り巻く環境は大きく変わることになる。

一九〇三年の計画案―シャン＝ド＝マルスの美化

建物の正面

一、（……）シュフラン通りとラ・ブルドネ通りに沿った譲渡地域については、公道に沿って正面入り口を設置するものとする。

二、シャン＝ド＝マルスの両側にあり、士官学校に面することになる建物群については、その正面は士官学校の建築様式と調和のとれたものでなければならない。

「建築不許可」地域―囲い

パリ市は、公園の中に、幅一五―二〇メートルにわたり、装飾用の特別の場合を除き、軒下までの高さ最高一五メートルまでの、二列目の建造物のために、建築不許可地域をとっておくことを提案する。こうした条件のもとで、私有地の囲いの柵と柵との間に約二三〇メートル、住宅の正面と正面との間に約二七〇メートルの空き地が残るだろう。

さらに、公園に沿った住宅の正面には次の条件が義務づけられる。

一、上記の建築不許可地域には花壇が造られ、一切の建物を建ててはならない。

二、用地の境界は鉄製の柵とし、その高さや形はパリ市の決定によるものとする。同じ柵は公園に沿った公道や、私有地の両側にも設けられる。柵には戸などをつけず開放的なものとし、常に清潔に保つべきである（……）。

三、建築不許可地域に面して建てられるのは、市民の住居のみとする。したがって、パリ市の特別の許可のない限り、商工施設は建てることはできない。〔八三頁〕

シャン＝ド＝マルスへ通じる道路

交通の観点から、パリ市は、グルネル通り、サン＝ドミニク通り、モンテシュイ通りといった主要道路に面した道路の整備を認可する。それによって、士官学校の中央部の前に空き地ができるだろう（……）。

公園の整備

公園の整備については、市の決議案は次の通りである。

大通りとフランス風庭園を設置して、士官学校の正面全体の景観を尊重する。建設中の正面の前の二次的部分はイギリス風庭園とする。

エッフェル塔とサン゠ドミニク通りとの間の空き地は、遊び場とする。

アドルフ・シェリウ、一九〇三年

この整備計画により、エッフェル塔の存在と新しい都市景観全体に占める位置が、またしても問題化した。この点に関しては、セーヌ県知事が任命した諮問委員の間にもさまざまな意見があった。一九〇三年七月九日、塔の存続に反対する意見はまず古都パリ保存委員会から出された。その主張の主旨は次のようであった。「美化事業は、エッフェル塔という巨大な塊がそのまま聳え続ければ、意味をなさないだろう。確かに、この驚異的な塔は世界的人気を博し、パリの栄光となった時代もある。以前ほどは歓迎されなくなったとはいえ、塔はいまだに遠く離れた所からも見える目印であり、一五年の歳月を経た今も記憶に残っていることに変わりはない。しかし、塔は存在そのものにより消え去るべきであろう。つまり偉大になりすぎたのだ。巨大な脚柱の上に聳え立つ塔はあまりに高く、あまりに大きく、周辺を尊大に見下ろしている。そのため、優雅で繊細な風景は見えなくなってしまう。一〇年後には、営業権の期限が切れる。委員会は、塔の巨大なシルエットが美化事業をぶち壊すことは明らかなので、エッフェル塔の存続は美化事業計画の破棄に等しいと考える」（G・モントルグイユ）。

一九〇三年七月九日、委員会は塔の撤去を決め、最終期限を一九一〇年の営業権の消滅までとした。

この苛酷な決定に対して、早速抗議運動が起こった。

一九〇三年八月一一日アンジェで開催されたフランス科学振興協会の会議の際に、ヴィルフリド・ド・フォンヴィエルはこう思った。「過去の遺跡を守るだけの保存委員会の発言は愚かであり、しかも正当な根拠がないものである。委員会は、パリの栄光となる記念建造物を破壊する危険を指摘すべきであろう」。

会議終了後、「エッフェル塔が物理、気象、機械の分野ですでに科学に計り知れない貢献をしたことを考慮して、さらに今後も貢献をすることは間違いのないところなので」、協会は内務大臣とセーヌ県知事に請願書を提出した。すなわち「エッフェル塔を営業権の消滅時に撤去せずに、逆にできるだけ長く存続させてほしい」という要望であった。

一方、一九〇三年一〇月一〇日エッフェル塔監視委員会が開かれた。委員会は、記念塔の人気や、科学への貢献に触れたあとで、次のように指摘した。「塔の保存状態は完璧であり、基部や骨組みにたるみは全然見られない。塔の維持は面倒なことではない。これまで通りのメンテナンスを続ければ、さらに長年存続するに違いない」。委員会は満場一致で、「記念塔の保存は価値のあることであろう」という結論を出した。とはいえ、一人だけ別の意見を出したのは、土木管理官ボロであった。「委員会の請願はもっともではあるが、シャン＝ド＝マルスの整備事業という観点からは、賛同しにくいものがある」と言った。

記念塔監視委員会のメンバー（一九〇三年）

陸軍地理部長バソ、道路・照明課長、土木管理官ボロ、パリ市建築課長ブヴァール（古都パリ保存委員兼任）、土木技師ブレ、内務省市町村課長ブリュマン、土木管理官コリニョン、パリ市遊歩道設計家フォルミジェ、土木技師エルサン、パリ市公共事業名誉会長ユエ、警視庁事務総長ロラン、学士院会員エルテール・マスカール、市町村課長ムナン、海軍鉄鋼管理官モリノ、パリ市土木事業局長ド・ポンティシュ、主任土木技師レザル、一九〇〇年万国博道路課技師テュル。

ついに、一九〇三年一一月六日、土木技師協会――エッフェルは一八八九年に会長を務めた――はフランス科学振興協会の請願に賛同し、塔の撤去反対の決議案を採択した。

フランス土木技師協会の決議、一九〇三年一一月六日

エッフェル塔は鉄骨建造物における土木工学の代表作の一つであり、外国で真似しようとしても失敗に終わっているので、塔の高さは世界一である。現在多くの人々が塔を訪れているということは、塔が関心や好奇心をかきたてている証左であろう。塔自体もさることながら、塔の上から一五〇キロメートルにわたりパリの街や周辺地域がパノラマのように広がるのが見えるからである。

国防の視点からは、塔は可視方式信号通信や無線通信の中心として、特別の役割を果たさなければならない。現在、パリと地方との直接の連絡ができるのはエッフェル塔だけである。

以上の点を考慮して、フランス土木技師協会は、塔を解体しようとする一切の考えに抗議する。塔はパリの一部なのである。

協会事務局はこの要望を行政当局に提出する任務を負う。

票決の結果、この決議は全員一致で採択された。

一方、セーヌ県技術審議会の意見は二分していた。古都パリ保存委員会に賛同するものもいれば、抗議運動に同調するものもいた。

セーヌ県技術審議会　投票権をもつメンバーのリスト

公共土木事業請負業者アラスール、学士院会員バリア、トロカデロ宮設計者ブルデ、パリ市建築課長ブヴァール（古都パリ保存委員兼任）、建築家・学士院会員ドーメ、土木管理官ドニオル（古都パリ保存委員兼任）、土木技師協会元会長デュモン、建築家リシュ、建築家・学士院会員パスカル、建築専門学校校長トレラ。

一九〇三年五月二二日技術審議会が開かれた。審議会はシャン＝ド＝マルスの整備計画と一九〇〇年万国博の跡地利用の件で提起された問題がきわめて複雑なので、下部委員会を設けることにした。下部委員会の構成メンバーは、四人の建築家、二人の技師、二人の画家、二人の彫刻家であった。下部委員会は一一月六日の会合に報告書を提出した。報告書には、シャン゠ド゠マルスに関する一連の提案と、エッフェル塔に対する好意的な長い一節が含まれていた。

建築家ジャン゠ルイ・パスカルの提出した報告書の抜粋、一九〇三年一一月六日

（……）エッフェル塔の営業権を将来も認可するかどうかについて疑問が出された（……）。

確かに、トロカデロからは、士官学校まで続く風景がエッフェル塔によって遮られてはいるが、塔自体が独特の景観となっているうえに、この記念塔の形が大胆であるにしても、巨大なアーチの間に見晴らしを楽しむ広い空間が残っている。

とはいえ、シャン゠ド゠マルスとトロカデロが果てしなく連なって見える効果というものが失われたと反対派は主張する。記念塔の特質がすばらしいものであっても、この整備計画の重要部分を犠牲にするわけにはいかないだろう。

しかし、世界的にユニークな建造物の重要性、建設当初から続いているこの問題の現実的解決策、地上三〇〇メートルの展望に驚嘆する来訪者たちの好奇心、塔の現在、過去、未来にわたる科学的研究への貢献、とりわけ気象観測への寄与、これらすべてを考慮したうえで、塔を犠牲にして芸術性を優先できるだろうか？　多分パリ市にとって得にもならないのに、大変苦労して巨大な塔を取り壊すのだろうか？　塔はシャン゠ド゠マルスのような低地よりは、丘の上にでも建てられた方がよかっただろうし、そうしたらもっと美しくなれるかもしれない。実際は可視方式信号通信の役に立ち、トロカデロの灯台業務の照準点となっているし、他の研究にも多々役立つであろう。仮に塔というものがなければ、多分その場所にも、他の場所にも建てようとは思わなかっただろう。しかし現実に、塔はあるのだ。世の中にとって驚きのタネとなっているものを壊してしまうとは、世の中を驚かすことになるとは、お考えにならないだろうか?

結局、塔の保存派が勝利を占めるだろう。下部委員会の非公式の情報から、営業権の満了時に塔の撤去が決定したと報じた新聞記事があったが、それは間違いであることをここに明記する。この点補足すると、エッフェル塔会社の要望した営業権の延期に不利な票決は明確さを欠くと判断され、最終的には、塔の存続を認める多数派が勝ったということである。

この報告書は、塔の保存派、エッフェルやトレラと、反対派のピエール・ドメ、ジュスト・リシュ、ジュール・ブルデの間で論争の的となった。しかし最後は、保存派の意見が採択されたのだ!

優柔不断な知事

知事がシャン＝ド＝マルスの整備計画を古都パリ保存委員会とセーヌ県技術審議会に諮問したのは、多分広く意見を集めた方がよいと考えたからであろうし、エッフェル塔に関する両者の回答が完全に相反するものになろうとは予想していなかったのだろう。けれどもこうした状況のもとでは、態度を決めることは難しくなった。

一九〇三年一二月一四日周辺地区の住民は塔の保存を求める請願書を提出した。市当局は保存派の技術審議会の意見に同意してはいたものの、市議会は決定を見送り、整備事業の完成を見届けてから結論を出すことにした。

最終結論を引き延ばして、行政はエッフェル塔を救ったのだ。この優柔不断の時期に、賛成派は有利な地歩を占めた。

営業権をめぐって

一九〇六年五月、営業権の消滅期限にはまだ三年があったが、エッフェル塔会社はパリ市に、営業権を五年間延期し一九一五年までとするよう要望した。さらにこの要望が認められれば、パリ市に納める使用料の額を増やすと約束した。市議会にこの案を提示した市会議員アドルフ・シェリウは、この取引は公共団体にとって不利なものではないし、シャン゠ド゠マルスの整備事業も予定期日までに終わりそうもなかったので、原則としてこの要望に対する反対意見はないだろうと思った。そこで彼ははっきりと言った。「市議会が将来塔の運命を決定するまでは、むしろ塔の存続の方が公益となる」（一九〇六年）。一九〇六年七月一二日市議会の承認を得て、セーヌ県知事はエッフェル塔会社に、一九一〇年一月一日から五年間に及ぶ営業権の延期――小規模の補修工事つきではあるが――を認可した。こうして一九〇六年一二月一日県の法令が成立した。

営業権の延期はこれが最初であるが、その後何度も更新された。シャン＝ド＝マルスの整備事業が始まる中で、一九〇八年五月一五日の県の法令により、新しい期限は一九二六年一月一日とされた。一九一九年七月二三日、一八八七年一月八日の協定一三条により、第一次大戦中の国による塔の接収（一九一四年八月三日から一九一九年五月三一日まで）に対する補償として、市議会はさらに期限を一九四五年一二月三一日まで延長した。

一八八七年一月八日の協定一三条

戦争や戒厳令発令の際は、国はエッフェル氏に代わり、塔を管理する権利を有する。エッフェル氏が塔から離れている間、国が全面的に責任を負う。これを補償するため、接収期間に応じて営業権の期限は延長される。

ついに、一九四六年一〇月一〇日セーヌ県知事ロジェ・ヴェルロムとエッフェル塔会社取締役社長ロベール・サルとの間に最終協定が交わされた。それにより、第二次大戦中のドイツ軍による塔の接収（一九四〇年六月一四日から一九四四年八月二五日まで）やアメリカ軍による塔の占領（一九四四年八月二六日から一九四六年三月二五日まで）は一般の補償問題として処理され、一九五〇年一月一日までの営業権の延期となった。その代わりに、エッフェル塔会社は一九五〇年一月一日から一九八〇年一月一日までの三〇年間、塔を経営する権利を保持することになった。

約七〇年にわたり、エッフェルと後継者たちはひたすら塔を守り抜いてきた。シャン＝ド＝マルスの整備はまだ終わってはいなかったが――完成は両大戦間期（一九一八―三九年）となる――エッフェル塔会社とパリ市は一九四五年まで協力関係にあった。

一方、時折浮上したのは塔の解体論であった。たとえば一九二三年にはこんな記事が出た。「塔は、上層部にはもう気に入られなくなったし、無線通信ぐらいにしか役に立たないので、近く解体されるだろう」（一九二三年四月一六日『プティ・パリジャン』紙）。あるいは塔の構造材が戦後の復興に役立つからという記事もあった（一九二三年四月一四日『論争』紙）。エッフェル塔会社社長はこうした記事を冷静に受け止めた。「新聞記事で塔の解体を知りました（……）。記事には何ら根拠がないと言わざるを得ません。数年前から時折、塔が解体されると報じられています。もう本気にはしていません」（一九二三年四月一五日『エクセルシオール』紙）。

会社側はこうも言った。「パリ市は一九四六年一月一日まで、つまり二三年後まで営業権がある協定により、会社と協力関係にあります。したがって、パリ市が新聞記事にあるような解体を決定すれば、巨額の補償金が支払われることになります」（一九二三年四月一四日『エコー・ナショナル』紙)。
一〇年後の一九三三年、一九三七年のパリ万国博の準備中に、またも反対論が起こった。『近代都市』紙の記者が「エッフェル塔がシャン＝ド＝マルスに存続していることは風景の調和を乱すとする説」に疑問を呈して、熱血漢で有名な、合理主義的建築家フランツ・ジュルダンの見解を紹介した。

「エッフェル塔解体論に対するフランツ・ジュルダン氏の熱烈な抗議」

エッフェル塔を解体して、よそへやってしまおうとする提案がある。優美で力強く独創的なこの傑作に対する反対運動は、しばらく鳴りをひそめていたが、また勢力を盛り返したのだ。一八八九年の万国博の見事な「機械館」は、野蛮にもスクラップにされてしまった。実際、エッフェル塔も同じような運命をたどるかもしれない。塔が鉄筋コンクリート製でないのが、若い人々の目には不満に映るようだ。塔を排斥しようとする理由は、この建造物が士官学校の景観を損なうからというものである。

私の意見では、シャン＝ド＝マルスを飾っているように見える植え込みを撤去すれば、すべてが片付くのではないだろうか。しかしこんな簡単な解決策では説得力がないので、もっと考えてみよう。ゴシック様式の反対派は、ともに中世ゴシック芸術の華とされるノートル＝ダム大聖堂やサント＝シャペル聖堂の撤去を求めるだろう。一方、純粋派は同様に、凱旋門から「義勇兵の出陣」を、オペラ座から「ダンス」を追放するよう行政に要望するだろう。(訳注1) それらは建物本来の趣旨と矛盾するものではあるが、それについて触れることはタブーとされているのだ。

さまざまな反対論を前にどのような態度をとるべきか迷うが、すべてを支配したがるエセ学者たちは学士院にでも入って、我々には構わないでもらいたいものだ。

謹んでエッフェル塔の延命をお願いする。塔は時代の象徴であり、芸術的自主性の復活を表すものであり、友人エリ・フォールが指摘したように、神秘的にもシャルトルの大聖堂の建築原理と類似している面がある。塔はパリの栄光、フランスの栄光の一つである。

一九三三年六月一一日『近代都市』紙

これらには徹底した反対論はなかった。事実シャン＝ド＝マルスの整備、美化計画をめぐる一九〇三年の論争のあとは、エッフェル塔はパリの風景の中に定着したのである。

訳注1　凱旋門はナポレオン一世の命により建造された戦勝記念碑であるが、「一七九二年の義勇兵の出陣」というレリーフが下部に刻まれている。オペラ座の「ダンス」（彫刻）は正面入り口の七つのアーケードの一つにあり、数人の踊る姿が不道徳とされた。

空気力学の実験用にギュスタヴ・エッフェルは落下装置を用いて，物体の速度と空気抵抗に関するデータを記録した．このデータをもとに，彼が作成した図表は誕生まもない航空機産業にとって大いに役立った．

ギュスタヴ・エッフェルは科学的研究を進めた結果，1907 年塔の脚柱のそばの研究所内に風洞を設置するに至った．

1889 年万国博とエッフェル塔（上の図）
1900 年の万国博とエッフェル塔（左のページ）.
1900 年の万国博用にギュスタヴ・エッフェルは塔を改装した．展望台では人の流れをスムーズにするためにスペースを増やし，エレベーターの動力を水力から電力へと変えて，台数も増加した．照明もガス灯から電灯に切り替えたが，塔の外観は変えなかった．
改装された塔は大好評を博した．

SERVICE DES EAUX

1900年の万国博が終わると，パリ市長は，シャン＝ド＝マルスに公園を設置することなどを含む首都の大規模な整備計画を公表した．これによりエッフェル塔周辺の地域と都心を結ぶ交通網が整備された．ギュスタヴ・エッフェルや後継者の尽力により，エッフェル塔はシャン＝ド＝マルス公園に聳え立つ主要建造物として生き残った．

シャン＝ド＝マルスの分譲地は庭園つきの高級住宅街となった．用地の境界の鉄柵は，高さや形がパリ市により規制されていた．

Ⅲ章　記念塔の平穏な時代

法的地位が保証されたので、エッフェル塔にとって一九八〇年代初頭までは平穏な日々が過ぎていった。研究装置として注目を集める一方、時代とともに進化する建造物として改造工事が行われた。

塔は頑丈に造られてはいたが――しかもエッフェルや推進派が一時的な建物として設計したわけではないと考えられていたのではあるが――他の建物と同様にメンテナンスや改良のため絶えず手入れが必要であった。塔は形も構造も特殊な面が多いので、独特の補修作業、時には例外的な作業がほどこされた。

構造の強化

塔は万全の監督のもとに、数回にわたり強化、補修された。

作業の中には、小規模ではあるが、塔のテナントが不都合にも断りもなく手を加えたことによるものもあった。たとえば、一九六〇年代に二階のレストラン経営者は一・五〇メートルにわたり、設備の妨げになるという理由で鉄骨部材の一部を勝手に切って管理技術者のジャン・ロレにこう言い訳した。「ほんの少し鉄材を切ったからって、エッフェル塔が倒れるわけではないでしょう！」また、別のテナントは内装工事をやりやすくするために、鉄材に補強材を溶接したりした。

冗談はさておき、塔は十分補強された。とりわけ三階の合掌部分は脆弱な部分で特別な工事が必要とされた。一九〇二年、エッフェル自身が三階の合掌部分を、鉄材の断面を長方形から正方形に変えて強化した。

金属の腐食は予想以上に進んでいた。一九七一年、新任のエッフェル塔会社社長が塔の強度を心配して、構造全体の技術チェックを行った。それによると、三階までは申し分のない状態だったが、一九〇二年に造られた部材の損傷が目立った。一九八七年に発表した一文の中で、担当のロレは、技術チェックがどのように行われたかを述べた。

内視テレビ

技術チェックは、技術者たちが塔をくまなくよじ登って、進められることになっていた。そこで私はテレビの活用を提案した。技術者たちは二、三日カメラマンや照明技師の心得を習得した。彼らは塔の内部を駆け回ることには慣れているので、表面の欠点をよりよく浮かび上がらせるために、照明を整え、撮影の準備をして、あちこちを走り回った。

内部の見えない部材については、医学用内視鏡カメラが大いに役に立ち、内部の腐食の状態を写し出した。一九〇二年以来塗装は全然されていなかったのだ！

まず二階に、ついで三階にテレビが据えつけられ、カメラ係と無線で連絡を取り合って、チェック中の箇所が写し出された。ある部分が再検査を要するように見えると、すぐ画面が記録された。こうして、チェック作業が終わってから、ゆっくり時間をかけて現状をまとめ、必要な決定を下すことができた。

土木工学に、内視テレビが活用されたのはこれが初めてだと思う。

ジャン・ロレ、一九八七年

この技術チェックに続いて、ロレは三階の合掌部分全体の補修を提案した。作業は一年半かかった。「強風の日を避けて、面から面へ、結び目から結び目へと仕事をした。一番の問題は、足場の確保だった。重大な事故は一切起こらなかった」（ジャン・ロレ、一九八七年）。

こうした改修工事はエッフェルの施工法を踏襲したものであった。「塔の構造法の特徴の一つは、格子状の鉄材の使い方である。断面を最小にしたこの形は縦横の抵抗を最大にし、圧縮と引っ張りにうまく耐えるようになる。必要最小限度の鉄材を精密にレースのように組み合わせることによって、風圧に対する抵抗を最小限に抑えたのである」(G・エッフェル、一九〇二年)。

塗装工事

エッフェル塔のメンテナンスにとって必要な作業は、構造体の強化だけではなかった。エッフェル自身もしばしば鉄骨建造物の管理に必要な処置の重要性を強調していた。塔の鉄材は薄く、パリの大気に汚染されやすく、また塔をねぐらとする鳥たちによっても汚されるので、エッフェル塔は——炭素量〇・〇二%、リンとケイ素の含有量が多い錬鉄で造られてはいるが——絶えず細心の注意をもって手入れしなければならなかった。

塗装工事は見物《みもの》だった。毎回二〇万平方メートルの表面積——到底近寄りにくい所もあったが——に対して五〇トン以上の塗料を必要とした。高所で働く数十人の塗装工を動員し、安全対策を考え、さまざまな材料を大量に使った〔一〇八頁〕。工事費用も巨額だったが、塔の長寿が保証されたのだ。

建造中から、各部材が組み立てられるごとに、油性塗料が塗られた。二層目と三層目は、ベネチャン・レッド四二％、生亜麻仁油三五％、煮沸亜麻仁油二三％の塗料で塗られた。四層目として、一八八九年三月一五日から五月一日にかけて、エッフェル塔は外側も内側もつやのある赤茶色に上塗りされた。施工業者はヌリソン社で、全体の費用は一〇万七〇〇〇フラン（一八八九年時価）だった。

一八九二年、塔の塗り替えが問題となった。エッフェル塔会社はリヴィエール社と、見積金額五万七〇〇〇フランの契約を交わした。リヴィエール社は錆びついた金属部分の錆を落とし、塗料を塗り、他の部分についても汚れを落とし、塗料を塗り直した。

一九〇〇年の万国博の際は、塔の色は赤茶色から黄色へと変わった。黄色の濃淡で五段階に染め分けられ、脚柱部分は濃く、上部へ行くにつれて淡くなっていた。工事費用は八万フラン（一八九九年時価）。

それまで塗料には鉛白が混じっていたが、猛毒のため鉛白は使用禁止となり、一九〇七年には他の油性塗料が用いられた。一九一四年の塗り替えは第一次大戦のため中断され、一九一七年に完成した。一九二四年再び塗装工事があったが、今度は黄茶色に染め替えられた。

一九三九年と一九四七年には塔全体の清掃工事が行われた。埃だらけの表面を洗い、ハンマーや金属ブラシで錆びついた金属部分の錆を落とし、組み立て直して、仕上げに塗料を塗り直した。

一九五四年エッフェル塔は赤茶色となり、一九六一年までこの色だった。一九六八年の作業は今までとほぼ同じと予想されていた。すなわち表面の汚れ落としや金属部分の錆落としと塗り直しである。今回も仕上げには脚柱から頂上にかけて赤茶色のグラデーションを用いる予定だったが、パリ景観委員会の意向により、この色はパリの空とは映りがよくないので、別の色を選ぶことになった（J・L・ラバテ、一九七六年）。ブルー・グレーが候補に上がったが、芸術的、技術的理由から不採用となった。このような色合いは、亜鉛酸化物がきわめて多いので、薄い膜が生じやすく、色そのものも錆止めの赤い顔料とはなじまないし、しかももともとの色を塗り隠すのが難しいということだった。結局選ばれたのは、グレー・ベージュだった。

一九七四年の検査によれば、塗装の状態は総じて申し分なかった。とはいえ、老化現象は大気の影響を受けやすい四階に著しく現れた。一方、二階と三階の塗装状態はそれほど悪くはなかった。とりわけリベットの上部は手入れが行き届いていた（J・L・ラバテ）。総じてエッフェル塔の保存状態は良好のように見えた。定期点検の成果であろう。

エレベーター設備の一新

エレベーター設備も塔の主要経費の一つだった。エレベーターはあまり目立たないが、快適で安全な昇降には欠かせない手段である。エッフェル塔会社の内部資料によれば、一九五二年から一九七八年までの間この名目の経費は五二〇〇万フラン以上に上った（一九七八年時価）。この金額には、入場者が増加したため、電動式エレベーター一台を北側脚柱の所に設置した費用も含まれている。二階建てキャビンのエレベーターは乗員五五名で、地上から三階まで一時間に一〇〇〇人の乗客を運んだ。エレベーターは秒速二・八メートル、加速毎秒〇・二五メートル、減速毎秒〇・五メートルで動いた。

電動式エレベーター

一九五六年になって、計画の概要を示し、予備調査に着手し、交渉を進めることが決まった。そこで、電動エレベーターを設計、製作、運用するメーカーを選ぶことにした。多くのメーカーをあたるうちに、いろいろ面倒なこともあり失望も味わったが、一つだけ驚いたことがある。工業がこれだけ進歩したにもかかわらず、エッフェル塔にエレベーターを設置するのは、一八八九年の建設当時以上に厄介だったのだ。これは今後検討すべき課題であろう。

とはいえ、フランス国内や外国のメーカーの多くは我々の企画の条件を満たさなかったが、幸い適当な企業が見つかった。高性能、多種の製品を造り、優秀な技師や人材に富む一流企業、クルゾ鉄工所である。この会社に発注することにした。仮契約は一九六三年二月、正式契約は同年七月だった。

こうしてクルゾ鉄工所のおかげで、エッフェル塔は、一流の技術水準の設備が取り付けられ、新しい活動のチャンスを与えられた。

エッフェル塔会社社長M・ラフジョ
一九六五年六月九日

エレベーターの製造は一九六四年三月に始まり、一四か月後に完成した。一九六五年六月九日、観光大臣ピエール・デュマ、セーヌ県知事などの出席のもとに開通式が行われた。これは、エッフェル塔会社は独立採算性をとってはいるが、国にしてもセーヌ県にしてもこの記念塔の存在に全く無関心ではいられないということを示唆していた。一方、エッフェル塔会社社長がこの席で――すでに――塔のメンテナンスと改修工事の費用について懸念をもらしたことも確かである。

公的資金か自己資金か？

この場をお借りして、経済問題に直接かかわる所見を知事に述べさせていただきます。これまで小社は営業権をもつ会社として、自己資金による投資のモデルとなってきたと申しても過言ではないと思います。

塔の活動と発展のためには、新たな投資が必要であり、数年後には巨額の投資が絶対に不可欠となるでしょう。残念ながら、我々にはそれだけの資力はありません。そこで知事に公的資金の投入をお願いしたいと思います。世界中から今まで以上の旅行者が快適さとスピードの増したエレベーターに乗るために、塔へ押し寄せるのですから、旅行者の旅費やバカンスの費用の中に活用できる資金があるものと思われます。

エッフェル塔会社社長M・ラフジョ

一九六五年六月九日

のちに分かるように、行政当局はこの意見に賛同しなかった。これがもとで、行政側とエッフェル塔会社の不和が始まった。

日常のメンテナンス

メンテナンスは多方面にわたる一連の技術的作業であり、定期的に行われた。プラットホームの床の補修工事は、床を支える梁の腐食が進んだ時に行われた。地上階や上の階の事務室の改造は、大体木造のため入場者や職員にとって安全性が問題とされた時に行われた。他に、電気・ガス設備、機械設備の改修などがあった。

ガスの例

一八八九年の万国博の際は、塔の構造体の中に隠れていた数千のガス灯が塔を照らした。

ついでガスは塔の中で常時使われるようになった。一九三〇年には、二階レストランの調理場にガスが供給された。一九三七年には、ガス暖房器が食堂の暖房にも使われた。一九五〇年、三階のレストラン。一九五四年、二階の暖房。一九六〇年、レストラン「プラン・シエル」の調理場。一九八一年以降は安全性の理由から、ガス設備は廃止され、代わりに電気設備が用いられるようになった。

一般の人々はこうした改装工事が塔に及ぼす影響を実感したわけではなかった。工事の中には塔の歴史上大事件となっているものもある。一九三七年の万国博の際の工事や、一九五六年の火災後の工事は永続的効果があった。イルミネーションのように一時的な効果を上げたものもある。改装工事は社会情勢やファッションと関連している。改装のおかげで、エッフェル塔は二〇世紀も生き延びたのである。

永続的改装

一八八九年、一九〇〇年に続いて、一九三七年にはエッフェル塔は三度目の万国博を迎えた。建築家アンドレ・グラネは、塔が万国博という新しい条件に順応するように尽力した。グラネの経歴は次の通りである。

アンドレ・グラネ

一八八一年生まれ。G・エッフェルの娘婿。国立美術学校ルドン工房の出身。建築家、室内装飾家。ロジェ＝アンリ・エクスペールとともに、パリで開催された航空・自動車臨時展示場の内装、一九三一年の植民地博、一九三七年の万国博のパビリオンの内装を担当。多数の貸ビル、カジノ、ダックス・ホテル（一九二五―三〇年）、パリ・プレエル・ビル（一九二八年）を設計。一九四八年四月二二日エッフェル塔会社取締役に就任。一九七四年没。

「合理的な形については議論の余地がなかったが、エッフェル塔は誕生以来、時代の特色ともいうべき時代に迎合するような装飾であふれていた。一九三七年、記念塔は賞賛の的となった。ついに技術的必要のない装飾を取り外す時がやって来た」（A・グラネ、一九四八年）。

グラネの改造は万国博の建築主任ジャック・グレベの一般的方針に沿ったものだったが、方針自体は当時の流行を取り入れていた〔一〇九頁〕。つまり過剰な装飾を避けて、水平と垂直の対比のような機能的な美しさを狙っていた。グラネはまず二階を改造した。建築家ステファン・ソーヴェストルの設計したアーチつきの展望回廊をアーチなしの簡素なものに変えた。こうした改修は一九八〇年代初頭までそのまま残った〔一一〇頁〕。

二〇世紀のエッフェル塔における第二の改修工事はある事故の結果だった。一九五六年一月三日四階のテレビ設備で火災が発生し、建物の一部が消失した。「火は四階プラットホームの骨組みに達した。とりわけ十字の梁を足場とし、尖塔の中に伸びていた鉄製の煙突がテレビ室のコンクリートの床に墜落し、残骸は二・五〇メートルに及んだ。テレビ室の屋根や鉄製の煙突を支えていた建材は破損し、鉄材は形がゆがんでしまった」(M・ロラン、一九五六年)。

この事件から無防備な状態が露呈した。この報告書を書いたロランは、この火災のあと頂上の尖塔部分が強風に耐えられなくなったのではないかと心配した。そこで大規模な改修工事が行われた。その際テレビのアンテナが近代化され、塔の高さは三〇〇メートルから、三一八・七〇メートルとなった〔一三五頁〕。

一九二五年、一九三七年、一九五八年のイルミネーション

一九〇〇年にエッフェル塔を照らすエネルギー源として、電気だけが用いられるようになってから、無数のイルミネーションが編み出された。公共建造物のライトアップはいわばパリの伝統のようなものであり、現在も続いている。最近の主なイベントは次の三つである。一九二五年フェルナン・ジャコポツィによる「シトロエン」の宣伝、一九三七年の万国博、一九五八年のイルミネーシ

ョン。

一九二五年、国際装飾美術展の主催者側は、エッフェル塔が博覧会場には含まれていないにもかかわらず、イルミネーションにより国際装飾美術展を引き立てるべきだと決定した。エッフェル塔会社の依頼を受けて、ジャコポッツィが作業を引き受けた。彼の経歴は次の通りである。

フェルナン・ジャコポッツィ

一八七七年フィレンツェ生まれ。「聖人のように美しく、マキャヴェリのように巧妙な光の魔術師」(シャルル・ブレバン、一九六四年)と評された。アラン・ベルトランは「人工の光が生み出す感動を表現する芸術家」と呼んだ。またある人々はこう言った。「異才(……)。一日何回か一〇分ほど居眠りをする。短い眠りの間にデザインを夢見るようだ。目を覚ますとすぐ、アイデアを絵筆に託す」(一九八〇年)。一九〇〇年の万国博の際にパリに移住し、内装やネオンサインを手がけた。フランスでデパートや公共の建物のイルミネーションが継続的に行われるようになったのは、彼の功績である。一九二五年エッフェル塔に「シトロエン」という光の宣伝装置をほどこしたが、装置は一九三六年に取り外された。一九三二年没。

ジャコポッツィは模型の形で、公共の建物をイルミネーションで照らすデザインを見せ、交渉相手を魅了した。しかし、そのコストは高かったので――当時六〇万フラン――パリ市もエッフェル塔会社も費用を負担しようとはしなかった。いろいろ議論を重ねているうちに、イルミネーションを使った宣伝をして、宣伝費用を徴収して、イルミネーション設置のコストに充てるとする新しいアイデアが生まれたが、これはエッフェルの時代には到底考えられなかったことである。この計画を産業界にもちかけたが、ことごとく失敗した。紆余曲折の末、アンドレ・シトロエンが火中の栗を拾った。当時シトロエンは建築を含む多方面にわたる産業の象徴ともいうべき人物だった。交渉がまとまると、一九二五年五月二七日工事が始まり、同年七月四日の夕方塔はライトアップされた〔一一一頁〕。

「いきなりまばゆい光の束がパリにあふれ、エッフェル塔が闇の中に巨大なタイマツのように現れた。さながら巨大な花火が打ち上げられ、星や流れ星が炎となって光り輝いているようだった。突然、驚嘆して見守るパリの人々の前で、CITROENの文字が浮かび上がった。シトロエン社が国際装飾美術展に参加した記念事業だったのだ」（シトロエン会社内部資料）〔一一二頁〕。ついで七月一五日にはエッフェル塔の別の面が、七月三〇日には、また別の面が同じくライトアップされた。

一九二五年のイルミネーションのモチーフ

エッフェル塔には三面を飾る九つの基本的モチーフがあった。

一　塔のシルエット
二　塔の上から下へ現れる大きな星
三　塔全体を飾る小さな星
四　流星
五　一二星座
六　花火と各階のシルエット
七　一八八九年─一九二五年という文字
八　ＣＩＴＲＯＥＮという巨大な文字
九　四階と三階の間に浮かび上がるＣＩＴＲＯＥＮの文字

こうしたモチーフは演出効果を狙って、いろいろ組み合わされた。

シトロエンの名前は一九三六年までエッフェル塔の表面に飾られていたが、制作者のジャコポッィは数回作品を手直しした。一九二六年のモーターショーには、数千の電球を加えてキラキラ光る滝や泉を表現した。一九二七年のモーターショーには、照明のモチーフを変えて、炎と光の渦が塔全体をジグザグに包みこむようにした。一九二八年一〇月、シトロエンの新型モデルＣ６の発表を記念して、輝く「６」を浮かび上がらせたが、この「６」は〝ＣＩＴＲＯＥＮ〟と交互に現れた。翌年は「４」、ついで前輪駆動車の出荷を機に「７」が登場した。

一九三三年五月一三日——これもシトロエン会社の発案であるが——直径二〇メートルの光り輝く時計がエッフェル塔の三階と四階の間の北東面に設置された。こうしてパリはこの種の照明設備で世界一となった。直径一五メートルの時計をもつシカゴの記録を破ったのだ。このニュースは国中で評判となり、新聞や雑誌などで取り上げられた。

光る時計

三週間前から、特別作業班が塔の二〇〇メートルの高さの所で働いている。毎秒時を刻むために、六〇本の支柱が取り付けられた。緑色のプロジェクターは時刻を表す。秒針にあたるものは黄色である。短針は白色で、長針は赤色である。モンマルトルやパンテオン、パリの他の地点からも見えるようにと、これらの色が選ばれたのだ。

時計には二面がある。一つはトロカデロを向き、もう一つはコンコルド広場を向いている。小さな電動時計が大時計を動かす仕組みだ。まだ実験段階である。セーヌ県知事の許可が下りるのを待っている状態である。数日すれば、ヌイイ、サクレ＝クール寺院やもっと遠い所からでも時刻が読めるだろう。

エッフェル塔開発部長　M・マルク

『ボルベック新聞』一九三三年五月二八日

結局この時計には巨大な温度計が加えられ、装置全体は一九三四年に完成した。温度計は塔の頂上、時計の二つの文字盤の間に輝いた。

こうした「広告」のあとは、一九三七年の万国博のイルミネーションが輝いた。グラネのイルミネーションは改造工事と同じく、建築主任グレベの方針に沿ったものだった。

一九三七年万国博全体図の改良のための建築主任ジャック・グレベの一般方針

五条　照明

一　万博会場の周辺は林が多いので、入場者は夜になるとコンコルド広場からグルネル橋へ、またトロカデロから士官学校へと、ライトアップされた木立ちの下を歩くことになろう。各パビリオンと調和のとれた、多彩なイルミネーションが輝くだろう〔一一三頁〕。

二　エッフェル塔。五〇年後もなお驚嘆すべきレース編みのように軽い建物。内部からライトアップされるだろう。

塔は照明塔として周辺を照らし、花火の打ち上げにも役立つだろう。巨大なアーチは、塔の下に設置した巨大な反射鏡が反射する光のレースをまとったように輝くだろう〔一一四頁〕。あらゆる色合いが競い合う万博会場の無数のイルミネーションの上で、崇高な記念碑ともいうべきトロカデロ宮や近代美術の殿堂が白く浮かび上がるだろう。強烈な光線は避けた方がよい。

万博会場の外で、光の暴走を最小限度に抑え、周到に準備したイルミネーション、近代技術の成果ともいうべき光と色のショーが繰り広げられる。

『ル・モンド・イリュストレ』紙
一九三七年五月二九日

第一プラットホームの下のアーチは——面積約一ヘクタール——青、ピンク、緑の光であふれた。「巨大な光の束は水面に反射して異様な塊のようにきらめいていた」（L・リチャード＝ムネ、一九三七年）。総計七五〇のプロジェクターは塔のあちこちに設置され、外からは見えなかったので、光の噴水だけが際立って見えた。「操作によって、塔は赤、緑、金色へと次々に変わり、夏の夜空に美しい透かし模様のように浮かび上がった」。四階から電気装置により花火が打ち上げられた。塔は音響とも無縁ではなかった。「詩人フェルナン・グレの詩の朗読も見事だったし、三〇〇メートルの塔全体に響く鐘の音も心に残った」（A・グラネ、一九四八年）。異例なほど光り輝くエッフェル塔は、自由で陽気で幸福な時代のパリの象徴であるが、その後世界は悲劇的な戦争へと突入する。

暗い時代は長く続いた。戦時中と戦後の復興の時代は、当然公共の建物の照明どころではなかった。この時期は国内的にも国際的にも、記念塔は特に取り上げられることはなかった。一九五八年になってようやく、塔の照明が関心事となったのだ。セーヌ県知事エミール・ペルティエはエッフェル塔自体を強調するような照明方法を提案した。フランス電力とパリ市の担当者が、今までのものより効果的で耐久性のある新種の設備を配置した。当時「技術力のあかし」と考えられたものである。

一九五八年のエッフェル塔の照明

設備には、三キロワットのプロジェクターが一七〇台使われた。高性能、長距離用のプロジェクターは、シャン＝ド＝マルス公園内の七つの地点に分散していた。五つは人目につかない芝生の下の溝の中だった――深さは一・三〇メートル、設置するプロジェクターの数により面積は一二から四五平方メートルとなった――六つ目は芝生の上であり、七つ目はブランリ河岸の柵に沿っていた。

この大規模なイルミネーションは――大型の技術装置を必要としたが――行政側にとって、エッフェル塔が当時急務とされたパリの復興計画の対象であることを示唆していた。装置は二〇年間使用された。とはいえ、主に三つの不都合な点があった。一、電力消費と高価な維持費。二、夜間の観光客やレストランの客にとってまぶしすぎること。三、建築上の特徴を強調しない照明方法のため十分な効果を上げていないこと。したがって一九八〇年代には、新経営陣は改造計画に沿って新しい照明の開発に着手することになる。

エッフェル塔へのまなざし

一九八〇年に公社化されるまで長期にわたり、人々の記念塔へ寄せる思いは熱くなる一方だった。創業以来の入場者数は一九五三年には二五〇〇万人、一九六六年には五〇〇〇万人となった。こうした大成功と関連して、塔をモチーフとする土産物や記念品が無数に生産された。置き時計や鳥籠、香水瓶やスプーンなど大小さまざまなものがあった。

ジャリュゾ事件

こうした塔をモデルとする商品の起源は、実はエッフェル自身が一八八七年ジュール・ジャリュゾと協定を交わしたことにある。それによれば、プランタン百貨店の創始者ジャリュゾは塔の建設中に建築廃材を用いて塔をかたどった商品を製造する独占権を得た。ところが、この取引に反対する動きが、ビジネス・チャンスから締め出される小規模経営の商工業者の間で激しくなり、エッフェルの調停工作にもかかわらず、事件は裁判沙汰となった。紆余曲折の末、最終的に取引は無効とされた。エッフェル塔は公共の建造物と見なされたからである。「塔は万博会期中は国に属し、その後はパリ市に属する公共の建物である。エッフェル氏は塔の所有者とは見なされず（……）、営業権をもつにすぎない（……）。この名目で営業権証書に列記されている諸権利しか行使できないのだ。諸権利の中には、塔をモデルとする商品を製造する独占権は含まれていない」（国務院審議会、一八八九年三月九日）。

一方、記念塔の評価は芸術家の間で次第に高まっていった。一八八七年の「芸術家の抗議文」のあとは、「官展」の画家も、印象派の画家も誰一人エッフェル塔をモチーフとする作品を描かなかった。塔の建設中は、ドランジュとH・リヴィエールだけが「建設中の塔」と版画を残した。一八八九年は、ジョルジュ・スーラ一人が塔の全体像を描写した。ついで塔は目立たない形で現代の画家たちの作品に登場するようになり、その頻度は次第に多くなった。主な画家としては、ポール・シニャック、アンリ・ルソー、マルク・シャガール、ラウル・デュフィ、モーリス・ユトリロ、ロベール・ドローネーが挙げられる。さらに、塔は写真、小説、コミック、映画などの題材となり、広告業界やマスコミが取り上げるようになった。これらすべてのおかげで、塔は文化遺産として登録されることになる〔一一五・一一六頁〕。

塔の盛況を見て、文化遺産の関係者は――一九三七年と一九五七年の改修工事に危惧の念をいだいていたので――塔の運命に関心を寄せるようになった。このような危惧の念が初めて表面化したのは、一九六三年一二月九日の歴史建造物最高会議常設審議会の会合の席であった。審議会が最近の建物を歴史建造物として保全すべきかどうかを検討するうちに、驚くべき事実が明らかとなった。歴史建造物の保護政策は現代の建造物を対象としているにもかかわらず、これまでエッフェル塔を優先的に取り上げたことはなかったのである。塔の二階と四階にほどこされた改修工事は遺憾であり、とりわけ塔の四階部分は台なしになったとされた。そこで審議会は、構造体としてのエッフェル塔の重要性を考え、あわせて塔がパリの景観に及ぼす重要な役割を考慮した結果、塔を歴史建造物として保護すべきかどうかを検討する作業を速やかに行うべきであるとする勧告を出した。

二〇世紀後半の歴史建造物の擁護派が、すでに見た通り、「芸術家の抗議文」などにより反対運動がわき起こった建造物を熱心に弁護しているのは興味深いことである。こうして保全活動が始まった。早速責任者が任命され、調査が迅速に行われたが、奇妙なことに、その方法はやや簡略の感があった。塔に関する歴史的説明はきわめて陳腐な数行にとどまっていた。つまり、ギュスタヴ・エッフェルの技術的偉業をたたえ、無線通信に役立つ塔の有用性に触れただけだった。他には、レストランや劇場などを取り上げ、流行に左右されるにしても、エッフェル塔会社が現在でもパリ市に年間一億二〇〇〇万フラン（旧フラン）以上の税収をもたらすだろうことが見込まれているとか、最初にエレベーターに乗った人は、当時皇太子のエドワード七世である（一八八九年六月一〇日）ことも書き添えている——多分こうした史実が手続き上重要なのであろう。

この調査に続いて、一九六三年一二月一八日歴史建造物審議会会長、建築家サレスは塔の保全について賛成意見を出した。サレスは「これにより将来は、今までのような不都合な改修工事が避けられる」と考えた。一九六四年一二月三〇日、歴史建造物視察官ショーヴルは「エッフェル塔は市民権を得た。塔は、鉄材を使用してどのような建造物でも建てられることを証明した見事な作品である。このため、塔は保護に値する。よって、『歴史建造物補足目録』に登録することを提案する」（文化省古文書）。一九六四年一月一三日歴史建造物最高会議常設審議会は全員一致でこの案に賛成した。実際に登録されたのは、同年六月二四日である。

竣工後七五年を経て、エッフェル塔は歴史建造物という名誉ある地位を獲得した。とはいえ、歴史建造物に指定された他の建物と同じく、この法的地位により、塔は形を凍結され、これまでのような改修工事は許されないことになったが、逆に塔は大いに保護されることになった。

一九七七年パリに新市長が誕生すると、その政策によりエッフェル塔はまた新たな発展の時を迎えることになる。

ABONNEMENTS
FRANCE & COLONIES
4 fr. 7 fr. 50 14 fr
UNION POSTALE
6 fr. 12 fr. 22 fr.

Le Petit Journal
illustré

PARAISSANT LE DIMANCHE
35e Année - N° 1753

La toilette du géant

Peut-on penser sans vertige à la terrifiante besogne qu'accomplissent les ouvriers chargés de repeindre la Tour Eiffel. A trois cents mètres de haut, il faut que ces braves se fassent suspendre à un filin et, paisiblement, qu'ils promènent leur pinceau sur le géant de fer.

『プティ・ジュルナル』紙第1面に載ったエッフェル塔の塗装工事.「巨人の身だしなみ」という見出しで，塔は腐食防止のため定期的メンテナンスを必要とするとある．巨大な塔の塗装作業は技術的にも難事業であり，経費も巨額だった．

1937 年の万国博のためエッフェル塔は改装された．塔は，技術的には必要のない，19 世紀風の装飾を取り外し身軽になった．
ギュスタヴ・エッフェルの女婿アンドレ・グラネは 2 階の，建築家ステファン・ソーヴェストルの設計したアーチつきの展望回廊をアーチなしの簡素なものに変えた．この方針は当時の流行を取り入れたもので，セーヌ対岸のシャイヨー宮，ナチスドイツやソ連のパビリオンとも釣り合いがとれていた．

1937年，2階の新展望回廊のうしろに，アンドレ・グラネは一般向けのホールを設置した．

フェルナン・ジャコポツィによる「シトロエン」の宣伝イルミネーションのため，塔の構造体の中に無数の照明装置が組みこまれた．

1925年から1936年までCITROENという文字がエッフェル塔の各面に浮かび上がった.

1937年の万国博のため，新装なったエッフェル塔は内部の照明器具によりライトアップされ，巨大な照明塔として役立った.

2 階の巨大なアーチは，塔の下の巨大な反射鏡が反射する光のレースをまとったように輝いた．

ルネ・クレール監督の『エッフェル塔』（1928年）の一場面．
芸術家たちは長年エッフェル塔に対して冷淡だったが，次第に作品のテーマや背景として取り上げるようになった．こうして塔は人々の心の中で文化遺産となっていった．

エールフランス社の宣伝ポスター．「パリーロンドン，1時間30分」とある．エッフェル塔は次第にパリやフランス全体の象徴と見なされるようになり，広告にも盛んに取り上げられるようになった．ポスターはその一例．

Ⅳ章　エッフェル塔の「市営化」

一九七七年から――一九七五年成立の法律にのっとって――パリ市は知事ではなく、公選市長が統治する自治体となった。その結果パリにある文化遺産やとりわけエッフェル塔にとっては大きな変化が見られた。セーヌ県知事がエッフェル塔を監督した時代は、国の利害と直接かかわりがない限りは、その方法はきわめて間接的だった。一方、市長は有権者の利益をより意識するところから、エッフェル塔に多大な関心を寄せて、直接管理することになった。

パリ市をめぐる政治状況が変化した時期は、ちょうどエッフェル塔会社の営業権の消滅する期限、一九八〇年一月一日と重なることになり、経営条件が悪化した時でもあった。

パリ市とエッフェル塔会社の確執

当時エッフェル塔会社の出資者はフランス商業銀行と小株主だった。一九七九年六月八日の総会における経営審議会の報告書によって、経営難が明らかとなった。これによれば、会社の状態は全体としては好ましいものではあるが、「諸経費が収入を上回るので、エッフェル塔会社の収益は低下する傾向がある」ということだった。この状況は会社の総収入の伸び悩みを表していた。入場者数の増加とともに入場料の総額も増えたが、それに伴う運営費も増加するといった状況である。会社の幹部が挙げた運営費は、一九七一年は収入の九二・五三%、一九七六年は九四・四五%、一九七八年は九五・八二%である。老朽化により塔が必要とする維持・管理作業や補修工事がますます増えることが予想されるので、見通しは暗いものとなった。

これに対して、パリ市の幹部は「長年にわたりエッフェル塔会社は、塔から相当の利益を得た」（J・シラク『オーロラ』一九七九年）という事実を挙げて反論した。

一九八〇年一月一日以降も、ギュスタヴ・エッフェルの創立したエッフェル塔会社に営業権継続の認可を求めて交渉する人々の背景にはこのような事情があった。この交渉は明らかに、営業権をもつ会社側に一層の負担を課そうとする自治体と、収益性という観点から負担額を減らそうとするエッフェル塔会社との間で、相互に歩み寄りのない雰囲気の中で行われた。具体的には、老朽化した四階用の水圧式エレベーターの新設をめぐって、パリ市とエッフェル塔会社との間で対立が表面化した。パリ市は、会社が市に納入する使用料を確保したまま、新設費用には会社が資金の一部や改修工事用の予備費を充当すべきであると主張した。

交渉は長引き、両者の対立は抜き差しならないものとなった。紛争はメディアにも取り上げられ、事態は悪化する一方だった。たとえば一九七七年六月、週刊誌『レクスプレス』には「エッフェル塔は消えいくのか?」という記事が載った。この記事は、この問題を扱うパリ市の「マル秘」の資料に触れていた。そこで、パリ市長はもはやこの問題に無関心ではいられなくなった。

新会社、エッフェル塔開発公社の創立

当時、会社の幹部はすでに創業時の信念を失い、「塔を守ろうとする熱意もなく」(E・フレデリック=デュポン、一九八一年)、「もめごともなく穏便に金儲けをすることだけに終始している」(B・ベルジュロ『レクスパンシオン』一九八六年五月一五日—六月五日)といった状態が続いていた。そこで、パリ市長は解決に乗り出し、一九七九年末に——営業権満了時のわずか数週間前に——三項目の決定をした。(1) エッフェル塔会社に営業権の更新を認めない。(2) 建築と鉄骨構造の国際的専門家ジャン・プルヴェ主宰の専門委員会に塔の現状報告書の作成を一任する。(3) 一二月

一四日の協定により、不動産管理公社――パリ市の不動産を管理する半官半民の公社――に新会社の創立を委託する、社名は「エッフェル塔開発公社」とする。「満足すべき解決策を目指して、現在の営業権を一年延長しようとする私の提案には返答がなかったので、私は不動産管理公社に一九八〇年一月一日から二年間、経営を続けるよう要望した」（J・シラク『フィガロ』一九七九年）。

この二年間に新会社は塔を活性化し、維持・管理を十分行い、大規模な改修工事のリストを作成した。技術調査局が出した結論をもとに、工事の見積書が建築家フランソワ・ドテルの関係する会社によって作られた。その範囲は、塔の構造の強化、収容力の増加、安全性の改善、設備の改装に及んだ。工事の見積額は一億九〇〇〇万フランだった。パリ市は、公社が公募する一億四〇〇〇万フランの公債を保証することにより、経費の確保を図った。残る五〇〇〇万フランには、旧エッフェル塔会社に課税した金額と、一九八〇年から一九八三年に至る、新会社による経営の剰余金と、同年に予定される改修工事の準備金の一部とが充てられた（結果的に、最終経費が二億フランを超えたため、上記の配分は変わらないが、この数字は修正された）。新会社の負担する支払金の期日と、必要な経費を調達できる期日との間に、ずれが生じることを考慮して、パリ市は二〇〇〇万フランの貸付に同意した。貸付金の返還日は一九八三年一月三一日とした。

その後まもなく、パリ市長は市議会に、新会社にエッフェル塔の経営を一九八一年一月一日から二〇〇五年一二月三一日までの二五年間委託することを提案した。過去の事例に照らして、資本の形態が入念に検討された。不完全な管理がもとでパリ市長に迷惑をかけることのないようにという配慮からであった。「パリ市が最高の文化財の一つに寄せる関心を示すために、我々はパリ市に、三〇％を限度として、公社の資本に出資することを提案する。すなわち一〇〇万の資本に対して三〇万フラン、一〇〇フランが三〇〇〇株である。この出資によりパリ市は公式に公社の理事会に参加して、単なる契約上の関係以上に塔の管理を密接に行うことができるだろう。さらに付け加えると、パリ市の出資金はすでに、こうした活動のもととなる不動産管理公社の資本の四〇％近くに及んでいる」(E・フレデリック＝デュポン、一九八一年)。

こうしてエッフェル塔開発公社にかなりの額を出資することにより、パリ市は与党の市会議員の中から公社総裁を選ぶことができた。すなわち一九八〇年から一九九五年にかけてベルナール・ロシェ、ついでヌブーである。この条項には、協定に列記された多数の注意事項が付け加えられた。(1)条項のために、パリ市長は塔に関するすべてを管理する権限を失うわけではない。(2)公社の定款は、市長の同意なしに変更してはならない。(3)公社はパリ市に活動計画を知らせ、二年以上にわたる場合は、営業権の下請けに関する規定を提出するものとする。(4)パリ市の同意なしの、一切の宣伝を禁止する一方、パリ市は塔に適当と認めるイルミネーション装置を設置する権利を有する。(5)公社はパリ市にメンテナンス作業と設備の改修工事に関する計画を提出しなければならないが、市長は必要とあれば、工事を行うことができる。協定に重大な違反が見られる場合は、市長は布告だけで協定を破棄できる。
次に、ロシェとヌブーの経歴を記す。

ベルナール・ロシェ

一九二〇年パリ生まれ。政治学院卒業。会社取締役。政治家。一九六三―六七年、セーヌ県会民主連合議員。一九八四―八六年、国会議員。一九六五年からパリ市議会で顕職を歴任、一九六八―六九年パリ市議会議長。一九八〇―九五年、エッフェル塔開発公社総裁。

ジャクリーヌ・ヌブー

一九二八年ナンシー生まれ。一九五四年から急進社会党幹部。一九七七―九五年、パリ市会議員、助役、環境・公園担当。一九八二―九五年、パリ市建築・環境審議会会長。一九八三―九二年、イル＝ド＝フランス議会議員。一九九五年からエッフェル塔開発公社総裁。

こうしてエッフェル塔をめぐる状況は一変した。塔は九〇年間民間会社に経営され、行政当局の監督はごくわずかだったが、今やパリ市に監督される第三セクターの管理のもとに置かれることとなった。

エッフェル塔開発公社専務のポスト

第三セクターのような法的地位の複雑な会社につきものではあるが、エッフェル塔開発公社は内部の勢力争いと無縁ではなかった。そこで、一九九九年公社専務が退職したあとの後任人事は、パリ市の政争の具となった。市の幹部は、塔の経営とフランス不動産銀行の経営を監督し続けることを希望した。一方、不動産管理公社の大株主である不動産銀行は、専務の任用は通常の民間部門の採用規定に従って行うべきだと考えた（『ル・モンド』一九九九年二月一六日）。

少なくとも、パリ新市長は過去の悪習の再発を防止し、首都の最高の文化遺産の一つを管理する組織を支配できるようになった。

パリ市議会の反対とエッフェル塔開発公社の創立

パリ市議会で行われた討論の最中に、社会党は「パリ市が直接塔を管理する構想」を公表した。「市議会は公社との協定を受け入れてはならない」と主張した。「公社の任務は文化とは無縁であるし、エッフェル塔のような建物の経営、管理、近代化とは無関係である。塔においては、技術的条件や制約の方が、商業ベースの問題や利潤の追求よりも重要である」（ピエール・ル・モルヴァン、パリ市議会議員、一九八一年二月二三日の会合）。社会党や共産党の議員たちは行政側の提案した方法や条項に危惧の念を表明した。しかし、この論争は公にされることはなかった。つまり市議会の反対派はこの問題を政争の具にすることは望まなかったのだ。

エッフェル塔会社はどうなったか？

記念塔を失ったエッフェル塔会社は、当然姿を消すはずであった。しかし長い間に会社は株券やフランス国内や外国の債券から成るかなりの資産を形成していた。一九七八年末には、資産価値は一三七億五〇〇〇万フランに達した。「一九七九年九月末には、株価は二割高を記録した」。同じころ、エッフェル塔会社は不動産証券をも保有していた。営業権の終了にもかかわらず、会社幹部がこうした活動を停止しようと考えるわけがなかった。逆に、「エッフェル塔会社がパリ市に納入する使用料（一九七八年その額は六五〇〇万フランに達した）がなくなったので、会社は収益が改善し、配当金が増えることになろう」（『ヌヴェル・エコノミスト』二〇六号）。現在、この会社は有価証券の投資機関として同じ名称で存続している。幹部は塔に全く関心がないので、資料や古文書の公開がないのは残念なことである。

「改修工事」計画

エッフェル塔開発公社は長期の営業権を確保したので、一〇〇歳になろうとする記念塔にとって必要な「改修工事」に計画を立てることができた。工事の開始は一九八一年春、完了は一九八三年一二月だったが、計画の目標は三つあった。⑴ 構造体を軽くし補修する。⑵ 頂上へ上る階段やエレベーターを造り直す。⑶ 新保安システムを作る。「しかしこの計画の重要性を考えると、この機会にエッフェル塔の時代遅れの運用条件をかなり修正しなければならなかった。そうすれば、全世界から集まる毎年三五〇万人の入場者はよりよい状態で塔を楽しむことができるだろう」(B・ロシェ、一九八二年)。この大規模な改修作業は多方面にわたっていた。

二階では、床は一九三七年の万国博の際に張り替えられたが、それ以来コンクリートの上にタイルを張ったものが使われていた。全体の重量が、エッフェル社の技師たちが算定した重量制限をはるかに超えていたので、二階内部の骨組みに歪みが生じていた。どうしてもそれを軽くする必要があった。そのため二つの処置がとられた。まず、一九三七年の床を従来のおよそ四分の一の重さの防水、鋼板の床に張り替えた。ついで、この階のパビリオンが解体され、軽い建材で建て直された。劣化した構造材は、建築家フランソワ・ドテルの考案した工法により修理され、軽くなった。つまり、構造物の離れた二節点間に一本の鋼材を渡して締めつけ、これを支持する形式のもので、補強された部材の圧縮応力を軽減することができたのだ。

構造上の問題が解決したので、二階は——四〇〇〇平方メートル以上の面積——改装され、多くの施設が入った。つまり、レストラン、塔の歴史をたどる博物館、文化活動や展示のためのホール、

「パリ――エッフェル塔」という消印をはじめ、観光客用にさまざまなサービスを提供する郵便局、「フランスの特産品」（B・ロシェ）を扱う商店などである。一九八二年九月二三日、二階施設の改装記念式典がパリ市長ジャック・シラクの臨席のもとに行われた――これは、エッフェル塔には新たに政治的関心を呼び起こすものがあるという表象でもあろう。

三階は――面積一四〇〇平方メートル――とりわけエレベーターと非常階段があるために、全面改装の対象となった。古いレストランは取り壊され、「塔の美食の伝統を生かすために」（B・ロシェ、一九八二年）新しい展望レストランが造られた。この鉄骨の建物は塔の構造体の補強された部分に建っている。「ジュール・ヴェルヌ」という名前のこのレストランは、地上の南脚柱にあるエレベーターから行かれるようになったが（それまでここにはエレベーターがなかった）、エレベーターの運用は技術的にかなり困難であった。エレベーターは高度一二〇メートルの所を斜めに昇るのであるが、乗客にとって乗り心地をよくするよう配慮しなければならなかったのだ〔一三七頁〕。

三階から四階へ行く観光客の行列を減らすために、エレベーターや階段が新しく造り直された。エドゥ社製エレベーターは――ギュスタヴ・エッフェルの時代に造られたものだが――一九八〇年代初頭には使いにくくなっていた〔四七頁〕。途中でキャビンを乗り換える必要があることから収容力に限界があり、運用面で入場者の増加に対応できなくなっていた。さらに、設備も時代遅れのものだった。水で満たされた古いシリンダーは動きにくくなり、冬場は凍結の恐れがあるため使用期間が限られていた。

ラセン階段は、緊急時の非常階段としてもはや役には立たなかった〔四五頁〕。階段全体が解体された――大部分は競売にかけられたが、残りは博物館に送られ展示された。中央スペースが設けられ、四台の電動エレベーターと、現行の基準を満たす二つの非常階段と、電気、水道、フランスのテレビ放送用の設備が設置された。

一九八三年七月一一日、パリ市議会はエッフェル塔の旧ラセン階段の売却を認可する

ジャック・ドミナティ、助役、議長――本日の議題は、エッフェル塔の三階から頂上へと通じるラセン階段を解体したあとの売却の認可に関する議案であります。

ジュッペ氏の発言。

アラン・ジュッペ、第二助役――市長殿、我々が売却を提案している階段は、とっくに姿を消すはずだったのです。まず、一般の人々には使用禁止となっている状態でしたし、警視庁が保安上の理由からパリ市とエッフェル塔開発公社に安全基準を満たす新しい階段の設置を要望していたからです。

これが、この階段を保存できなかった理由です。

この時、我々には二つの選択肢がありました。スクラップにするか、最大限活用を図るかです。

もちろん、我々は「活用」の方を選びました。

階段のいたんでいない部分を四つに分けて、四か所に送りました。一つは初期の建築の証拠として、エッフェル塔二階に展示されています。二つ目はオルセー美術館に送られましたので、これも展示されるでしょう。三つ目はラ・ヴィレットの科学博物館に、四つ目はナンシーの鉄の歴史博物館に納められました。

これは、今までに終わったことです。

階段の中には、たとえ展示用であっても、劣化がひどく使いものにならないものがあります。これについても、二つの選択肢があります。一つは、ただ溶かしてしまうこと。もう一つは、それを売却して利益を図ることで、収入は当然エッフェル塔開発公社の会計に繰り入れられるでしょう。

我々は第二の解決策を選びましたので、それを提案します。買い手との交渉をすでに進めています。これがパリの文化遺産を保護する必要性と——すでに博物館に送られたことを指すわけですが——公社、すなわちパリ市の経済的利益を両立させる最善の方法であると思います。

シュワルツバール夫人の発言。

クリスティアーヌ・シュワルツバール——市長殿、この売却についてひと言申し上げます。まず、「売却」が妥当かどうかを議論すべきだと思います。実際、パリ市の文化遺産の一部を競売にかけることは少し幻滅のように思われます。エッフェル塔は一八八九年の万国博の名残ではないでしょうか？

そこで提案したいことがあります。すでにオルセー美術館や鉄の歴史博物館の例が挙がっていますが、フランス国内や外国で、この記念物を収集したいと願う博物館があれば、そうした博物館に鉄の取扱業者よりも優先権を与えてはどうでしょうか？　いずれにしても、感情的ではなく冷静に考えて、この昔からのラセン階段が、エッフェル塔の初期の記念物の一つが、クズ鉄屋に売られてしまうとは残念なことです！

ジャック・ドミナティ、助役、議長——この件について、挙手による採決に入ります。

議会は賛成多数でこの案を可決したが、社会党と共産党が棄権した（一九八三年、D・八九九）。

パリ市議会、一九八三年七月一一日の会議

ついに頂上部分が——面積二五〇平方メートル——改造された。商店がなくなったので、人の流れが減った。エレベーターの機械室、イベント会場、フランスのテレビ局もある〔一三九頁〕。この工事は例外的な状況のもとで行われた。塔への入場が中止されることもなく、テレビ局、警察署、エッフェル塔ラジオサービスなどの施設が平常通り業務を続けたのである。

改修工事が完了すると、エッフェル塔は約一三〇〇トンも軽くなった。「構造の補修に関する調査は、コンピューターでエッフェル塔の構造をブロックごとにモデル化して進められた。こうした計算は、とりわけ工事中や工事後の骨組みの状態と、改修された三階、四階における風圧を調べるために必要だった。こうした計算の結果、ギュスタヴ・エッフェルは、風圧の問題を解決するためにいろいろ苦労したが、経験則を活用して現実を乗り切ることができたのである」（G・ゴスネ、一九八四年）。

一九八四年以降の工事

一九八四年以後も、エッフェル塔には補修工事が加えられたが、もはや構造を改修する工事は行われていない。ちなみに、塔は定期的に塗り替えられている。一九九五年、一七回目の塗装工事が始まった。

第一七回エッフェル塔塗装工事

エッフェル塔開発公社の方針は、これまでの工事の際に得た経験と、技術の進歩を視野に入れて、工事の方法と条件の改善を図ることである。

今年は、特に三つの新しい点がある。

―塔の徹底的清掃と、塗装前に腐食したブロックの下準備を十分にすること。

―工事の管理

―工事現場の安全装置の増加

エッフェル塔の塗装工事は、今日でもギュスタヴ・エッフェルの時代と同じ方法で行われることを忘れてはならない。すなわち、塔の塗装は人の手によるのみである！　塗装工は手にブラシをもたなければならず、機械による工事は禁止する。もちろん、長い柄のついたブラシも、吹き付け塗装も禁止である。

エッフェル塔開発公社資料
一九九五年二月七日

「改修工事」のあとに続く大きな出来事は、工事の仕上げともいうべき塔の照明であった。一九八四年七月、エッフェル塔開発公社は一九五八年に設置した照明装置の不備に気づき、装置を作り直すことを決め、コンクールを催した。「光のデザイナー」ピエール・ビドが入賞した。彼はロワール川に沿って聳える城館と、シノン原子力発電所の照明を手がけた人である。塔のイルミネーションは、光ビームのプロジェクターを使って、塔の内部から下から上の方へライトアップすることが決まった〔一三八頁〕。こうして鉄骨構造の軽くてほっそりした優雅な姿が強調されることになった。いろいろ調査し、塔自体の上で実験を重ねたあとで、照明デザイナーは高圧ナトリウムランプを選んだ。これには技術的、芸術的、経済的見地から見て、さまざまな利点があった――設置費用は四〇〇万フラン、年間維持費は六〇万フランである。一九八五年七月、取り付け工事がある会社に委託され、数か月で軽業師が宙を舞うような工事が完了した。「予定通り、一九八五年一二月三一日午前零時に白と金色の光の波がエッフェル塔を包んだ。つめかけた多くのパリ人にとって忘

世界巨大タワー連盟所属のタワー

名称，国	建造年	高さ（メートル）
CN タワー（カナダ，トロント）	1976	553
オスタンキノ・タワー（ロシア，モスクワ）	1967	540
エンパイヤーステートビルディング（アメリカ，ニューヨーク）	1931	443
タシケント・タワー（ウズベキスタン）	1985	375
トーキョータワー（日本）	1958	333
エッフェル塔（フランス，パリ）	1889	320
シドニータワー（オーストラリア）	1981	304
オリンピアタワー（ドイツ，ミュンヘン）	1968	290
バルセロナタワー（スペイン）	1992	258
ダニューブタワー（オーストリア，ウィーン）	1964	252
ソウルタワー（韓国）	1980	236
テレコムタワー（オーストラリア，キャンベラ）	1980	195
BT タワー（イギリス，ロンドン）	1965	189
ユーロマスト（オランダ，ロッテルダム）	1970	185
オリンピックタワー（カナダ，モントリオール）	1987	175
ブラックプールタワー（イギリス）	1894	158

れられない光景となった」（P・ビド、一九八六年）。

一九九七年四月五日、パリ市長ジャン・ティベリは二度目のライトアップを祝った――二〇〇〇年のカウントダウンを示す照明装置で、一時的なものではあったが、新装置に花を添えた。これもピエール・ビドのデザインによるもので、この装置はエッフェル塔の三階の下、高さ一〇〇メートルの所に設置され、二一世紀を祝う祝典の一つだった。メッセージは「パリから全世界へ」（エッフェル塔開発公社、一九九七年）である。

国際的地位

こうした作業はエッフェル塔開発公社のさまざまな活動と並行して行われた。塔は公社化以前にもまして、熱心に、教育的に、効率的に観光客を受け入れるようになった。内外の高層建築物と提携して、文化的科学的な協力態勢が展開した。つまり、エッフェル塔は一〇〇周年記念の折に、世界の巨大タワー連盟の組織に組み込まれたのだ。この国際的組織の共通の方針は、形態を超えて、所在地の観光の呼び物となり、一般用の展望台を設置することである。連盟所属の高層建築物は、年間二〇〇〇万人の観光客が訪れる。これは、高層タワーを中心とする観光産業のための重要な情報を収集する組織である。

全面改装され、新しい地位を得たエッフェル塔はまさしく現代に入り、二一世紀に近づくことになる〔一三九頁〕。その証拠に、入場者の数は増加する一方である。一九七九年は三四〇万人、一九八四年は四二〇万人となった。

1900

1889

1889年の塔頂と灯台．高さ300.65メートル（右側）．

1900年，頂上は一般公開され，店舗が設置された．ギュスタヴ・エッフェルは六角形，ガラスばりの部屋を専用とした（左側）．

1957

1949

1949年のアンテナ（右側）は，1957年318.70メートルに伸びた．火災により塔頂部が破損し，改修工事に伴い，アンテナも高くなったのである．

1980年代初頭，エッフェル塔頂上は全面改装された．見物客は保安，快適さの点で最高の条件でパリの展望を楽しむことができる．頂上にはテレビ施設がある．

1980年代の改修工事の際に取り付けられたオーティス社製エレベーター．

1985年ピエール・ビドの考案した照明装置は，塔の内部に設置され，光源をライトアップする部分の近くに置いた．

こうして，21 世紀を迎えるエッフェル塔の軽くほっそりしたシルエットが浮かび上がった．

Ⅴ章　結　論

エッフェル塔の異色の歴史をたどると、この一〇〇年間に起こった多くの出来事の意味が明らかとなる。それをもとに現代の建築や文化遺産の現状を把握し、考察を深めることができよう。

建造物から文化遺産へ

エッフェル塔の誕生は、今日から見るときわめて異例のように思われる。建築史上まれなことであるが、この建物は人間の活動のための施設でもなければ、特定の用途のためのものでもなかった。建物の構想と施工の際のたった一つの理由は、技師ギュスタヴ・エッフェルと施主フランス政府の強い意志であった――当時の建築技術の水準をはるかに超える三〇〇メートルの塔を建てて、フランスの力量を示し、世界を驚嘆させようとしたのである。

塔は一八八九年の万国博会場の入り口に聳える「勝利の門」となったし、塔を中心に観光事業をはじめさまざまな活動が行われてきたことも事実である。こうして塔の存在は正当なものとして認められたのではあるが、こうした事実がエッフェル塔の誕生の起源となったとは考えられない。この特徴は――逆説的ではあるが――塔の「利用価値」（アロイス・リーゲル）を高めたので、塔は代表的歴史建造物となり、文化財となった。

一方、エッフェル塔は建築と鉄骨構造に関する教育的資料である。塔は、当時不評だった鉄骨材料に逆に多くの長所があることを実証した。数度にわたる補修工事を経て、塔は構造体のもつ柔軟性を示した。予想に反して、塔は一時的建造物に適しているとされた鉄骨を用いて造られた建物が長く残ることを明らかにした。塔は、鉄骨が必ずしも敬遠される材料ではないことを示したのである。

要するに、塔の建設や保存をめぐりさまざまな反響が見られたが、それらはエッフェル塔に対する政治家の態度の反映ともいえよう。塔の歴史から、建設における政治家の重要な役割がよく分かる。塔は一九世紀末の政府要人のエッフェル塔を支援する姿勢なしには竣工しなかっただろう――計画を予定通り遂行しようとする強い意志があって初めて、完成にこぎつけたのだ。折しも反対派は激しい反対運動を展開して、塔の消滅や解体を願っていたのである。

一九八〇年代初頭から、エッフェル塔開発公社は塔の活性化に努めてきたが、それは記念塔に再び栄光を与えようというパリ市長の意志によるものであった。管理がマンネリ化した旧エッフェル塔会社にとって、それはもはや不可能だったのだ。パリ市の推進する積極策の影響がどの程度現れたかは評価しにくいところである。とはいえ、一九九五—九六年の調査によれば、エッフェル塔はヨーロッパ一有名な記念物の一つである。当然パリ市と市長はその恩恵を受けている。

文化遺産

塔の歴史の初期には、建設者エッフェルは常に取り壊しの脅威にさらされる塔を熱心に保存しようとした。一九二三年まで塔にほどこされた補修工事は——エッフェル自身によるものもある——技術的、建築的に必要な改修とみなされたが、構造の原理を再検討したり外観を改めるものではなかった。この背後には、建築家ジャン・ヌヴェル——できたばかりの建造物は壊れやすいとして、比較的長い同化作用の時を経てからでないと、作品として認められないと主張した——のように、塔が認められるまで、保護する必要があると提案する人々がいた。

ついで塔は何回も骨組みや外観が変化した。一九二五年フェルナン・ジャコポヅィ設計によるシトロエンの広告イルミネーションのあとに、一九三七年の万国博用の照明が輝いた。一九五八年テレビアンテナが設置されると、塔の高さが伸びた。塔はこのように変貌を遂げてきたので、一九六四年「歴史建造物」に登録され、保護の対象となったのである。「歴史建造物補足」目録に登録されたにもかかわらず、一九七〇年代と一九八〇年代には大規模な改修工事が行われた。当時行われた議論の記録が残っていないので、詳細は不明である。こうした工事が、文化遺産を保護するための行政措置が功を奏して、歴史建造物課の方針――歴史的に積み重ねのあるものを尊重して、我々の時代にまで達したものの状態のままに、歴史建造物を維持することが望ましいとする方針――が適用されたのか、あるいはエッフェル塔の利用価値が高いということなのかは、はっきりとは言えない。

この問題を通して、文化遺産政策に関する民主主義の問題が浮かび上がる。エッフェル塔に加えられた改修工事の一つとして、工事前に公に議論されたことはなかったようだ。たとえば一九八〇年に、建設当時の外観を復元すべきか、アンドレ・グラネが設計した輪郭を保存すべきか、一九二三年(エッフェルの死)以降確立した伝統に沿った形で、補修を進めるべきかという問題が浮上した。しかしそれらは首都パリで行われる大規模な建設工事や都市計画の場合のようには、公にされることはなかったのだ。

仮に公にされていれば、文化遺産の芸術的、歴史的側面と、現代的側面の均衡――均衡を保つことは常に難しいことではあるが――をめぐる諸問題に、教育的に取り組むことができただろう。

真の文化遺産政策の条件とは、歴史建造物が社会生活に根を下ろすことである。エッフェル塔が一九世紀と二〇世紀の激動の時代を生き抜いたということは、社会的に認められたということである。塔が市民生活の中に定着すれば、我々は過去の遺産に対して単なる傍観者ではなく、当事者として積極的に働きかけなければならなくなるだろう。

付録

ベルナール・ロシェへのインタビュー（一九九九年二月二六日）

―エッフェル塔開発公社初代総裁を務められましたが、公社の創立状況をお聞かせ願えますか？

パリ市は長年にわたり財政的見地からのみ、文化遺産を管理する会社を監督してきました。一九七七年までパリを統治していた知事たちは、文化遺産の問題にあまり興味をもたず、その管理を財政担当者に委託してきたのです。財政担当者は会社側に経済利益のみを求め、歴史建造物の価値には意を払わなかったのです。

これが長年にわたるエッフェル塔の実情だったのです。公社化以前に塔を経営していた会社は、パリ市に毎年使用料を納める民間会社でした――パリ市はその立場に甘んじていたのです。民間会社の常として、エッフェル塔会社の大きな目標は利潤の追求でした。つまり社会的責任に対する認識がとぼしく、それに県の技術指導も不十分だったのです。たとえば、エッフェル塔内のレストランのような店子に対しても管理が行き届いていたとはいえなかったのです。レストラン業者は勝手に改装を行ったのですが、技術的にも芸術的にもとんでもないものだということが明らかとなり、結局パリの文化遺産は次第にダメになっていったのです。
一九八〇年になると、パリ市長ジャック・シラクはエッフェル塔が再びパリやフランスのメッセージを伝える媒体となることを願われました。エッフェル塔開発公社が創立され、エッフェル塔会社にとって代わりました。シラク氏から、初代総裁になるよう要望されたわけです。

—パリ市がエッフェル塔の運命を左右することは、シラク氏の政治的意志だったのですね。

その通りです！　エッフェル塔は、鉄が「近代性」の特質であり、科学が人類に幸福をもたらすと考えられた時代に建てられた勝利の武勲詩なのです。エッフェル塔はまず無線電信施設として、ついでラジオ、テレビ施設として役に立ってきました。そのため解体をまぬがれたともいえましょう。文化史の証人として、エッフェル塔は全世界にとって、パリの象徴となったのです。記念塔はもはや単なる娯楽施設や空中高く昇る機械のままではいられなくなったのです。公社創立の目的は、塔の再生、塔に新しい輝きを吹きこむことでした。

—改修工事をきっかけに、建築論争が起こったのでしょうか？

私が塔の改修工事を決めるとすぐ、突然文化関係の役所がこの歴史建造物に関心を寄せ、いろいろな問題を提起してきたのです。そのため何度も会合を開き、面倒な調査をすることになりました。

建築家ポール・シェメトフとジョゼフ・ベルモンのおかげで、難局を切り抜けることができました。実は私は左派と見なされているシェメトフと親交がありますが、そのせいで同僚の反感を買うといったこともありました。幸いにして、関係者全員に支持される解決策が見つかり、建築家フランソワ・ドテルが工事を担当しました。

改修工事の一つに、照明システムの改造があります。記念塔は伝統的建物と同じく、外部からプロジェクターによって照明されていました。簡単に分かることですが、レース状の構造体にとっては、あまり効果が上がっていなかったのです。さらに、この照明方法はフランス電力との請負契約になっていて、実際の電力消費量を検査していなかったのです。そこで電気協会の研究所に問い合わせましたが、回答は通り一遍の月並みなもので、がっかりしました。結局、塔を内部からライトアップする方法を提案したのは、照明デザイナーのピエール・ビドだったのです。このイルミネーションは——電気代を節約して数年間で支払いが終わったのですが——成功例といえるでしょう。

——改修工事をきっかけに、パリ市議会内部で反対派との政治論争が行われたのでしょうか？

全然！　パリ市会議員は政治的に引き合わない事柄にはほとんど興味を示さないのです。ただし、地元の利害は別です。パリのような大都会では、このような論争は選挙民の関心事とはならないのです。議員は責務を果たすために、自分の好みを捨てて、みんなに受け入れられるような政策をとらなければならないため、責任が分散してしまうのです。それに、議員は必ずしも必要な権限をもっているわけではなく、後援団体の支持がある限りはその人々のために働くわけです。議員が特定の利益を弁護すれば、公共団体全体の利益を守ることは難しくなります。民主的代表制にはこのような側面があるのです。

―残念ながら任期中に終わらなかった企画には、どのようなものがありますか?

世界の巨大タワー――パリ、トーキョー、モスクワ、サンクト・ペテルスブルク、トロントなどにある――のネットワークを作ろうとしました。しかし、それぞれのタワーには違いがありすぎるため、この計画は実現には至りませんでした。それに、私自身他にも責任の重い仕事をかかえていました。エッフェル塔開発公社総裁は同時に不動産公社理事でもあることから、パリ市議会内の都市計画と建築問題を担当していたのです。

他にもやり残した仕事があります。たとえば、駐車場や受け入れセンターです。これは一〇年も前から計画されていますが、近代的な観光地には必要なものです。こうした施設は地下に造らなければなりませんが、パリ市の中央行政局の反対で、まだ実現していません。反対派の代表は地元の元市議、エドワール・フレデリック゠デュポンです。工事をすれば、シャン゠ド゠マルス沿いの建物に住んでいる「大切な」選挙民に迷惑がかかるというのです。

これは、地方分権の悪い例です。三五年間政治にたずさわってきましたが、民主主義は建築や都市計画に関しては、ユートピアだと思います。パリが発展してきたのは、主として大政治家の英断によるものではないでしょうか？　たとえば、オスマンのパリ改造(訳注1)やフランソワ・ミッテランの「大計画」(訳注2)は、建築や都市問題に関する政治家の強い意志が先行し、ついで資金が投入され、才能ある建築家が動員され、実現したのです。私の知る限り、議会の決議の結果、パリが発展したわけではないのです。

訳注1　オスマンのパリ改造は第二帝政期に行われた。オスマン（一八〇九—九一）はセーヌ県知事（在職一八五三—七〇）として、パリを中世風の町並みから近代的都市に改造。人口密集地を取り払い、上下水道、街路、庭園などを整備。現在のパリの大部分はこの時代のものである。

訳注2　フランソワ・ミッテラン（一九一六—九六）はフランスの政治家、大統領（在職一九八一—八八、一九八八—九五）。ミッテランの「大計画」は二一世紀に向けてパリの活性化を目指したもので、新オペラ座、ルーヴル美術館のピラミッド、新凱旋門、科学・産業都市ラ・ヴィレット、新国立図書館などが建造された。

ピエール・ビドへのインタビュー（一九九九年三月二六日）

―エッフェル塔の新しい照明装置を検討するきっかけは何でしたか？

一九八一年野外ショーの演出家から、塔を舞台にショーを企画しようという提案を受けました。綿密に塔を観察してから、提案を断りました。鉄のレース編みのような建物の上に、光をうまく使いこなす自信がなかったのです。

一九八四年七月初め、エッフェル塔幹部から照明装置の取り替え工事に関する審議会に参加するよう頼まれました。もう一度塔を訪れてみて、今度は解決策があるように思われました。多分三年間心に暖めていたものがあったのでしょう。最終的に採用されたのは、塔を内部から照らし出す方式で、私が練り上げたものでした。

―そのような方式を選択された理由は何ですか？

鉄骨構造の塔を照明する目的は、軽いシルエットを浮かび上がらせることです。さらに建物内部にプロジェクターを取り付けると、光源がライトアップする部分に近くなります。この照明の場合は、夜間の入場者はまぶしくなくなります。

白熱灯や水銀灯を使う案もありましたが、効率と経済性の理由からしりぞけられました。残る選択肢は、ハロゲンライトと高圧ナトリウムランプでした。ハロゲンライトの欠点は、塔の色が薄くなることでした。高圧ナトリウムランプを使うと、逆に塔に塗られた黄色が引き立って見えました。この二つを比較検討した結果、高圧ナトリウムランプを選んだのです。

塔の構造が複雑な形をしているため、かなり難しい技術調査が大部分は現場で行われました。この調査に八か月かかりましたが、三五〇のプロジェクターの設置には三か月しかかかりませんでした。


—エッフェル塔をライトアップされたことで、公共の建物のイルミネーションの状態は変化しましたか？

フランスでは主に五〇年代から、文化財がライトアップされるようになりました。当時は電力を大量消費する、寿命の短い、維持費のかさむ装置が多く、七〇年代の石油ショックには生き残れなかったのです。その結果、すでに設置されていた装置は使われなくなり、新しいものも諦めざるを得なかったのです。

このような背景のもとで、エッフェル塔のイルミネーションが検討され実施されました。この件はメディアに大きく取り上げられました。そこでフランスの市町村の議員たちが新たに、文化財の照明をめぐる芸術性と経済性に関心を寄せるようになったのです。市町村からの注文が急に増えました。

こうした状況の中で、我々の職業が誕生しました。我々の仕事には、技術的面と創造的面があります。画家が絵筆をとるように、ある期間だけ文化財をイルミネーションで飾るわけですが、我々のグループは「光のデザイナー」という名称で呼ばれるようになりました。現在、フランスには仲間が五〇人います。文化遺産のライトアップ以外に、町全体とか、都市の整備計画の中のイルミネーションといったさまざまな企画に取り組んでいます。

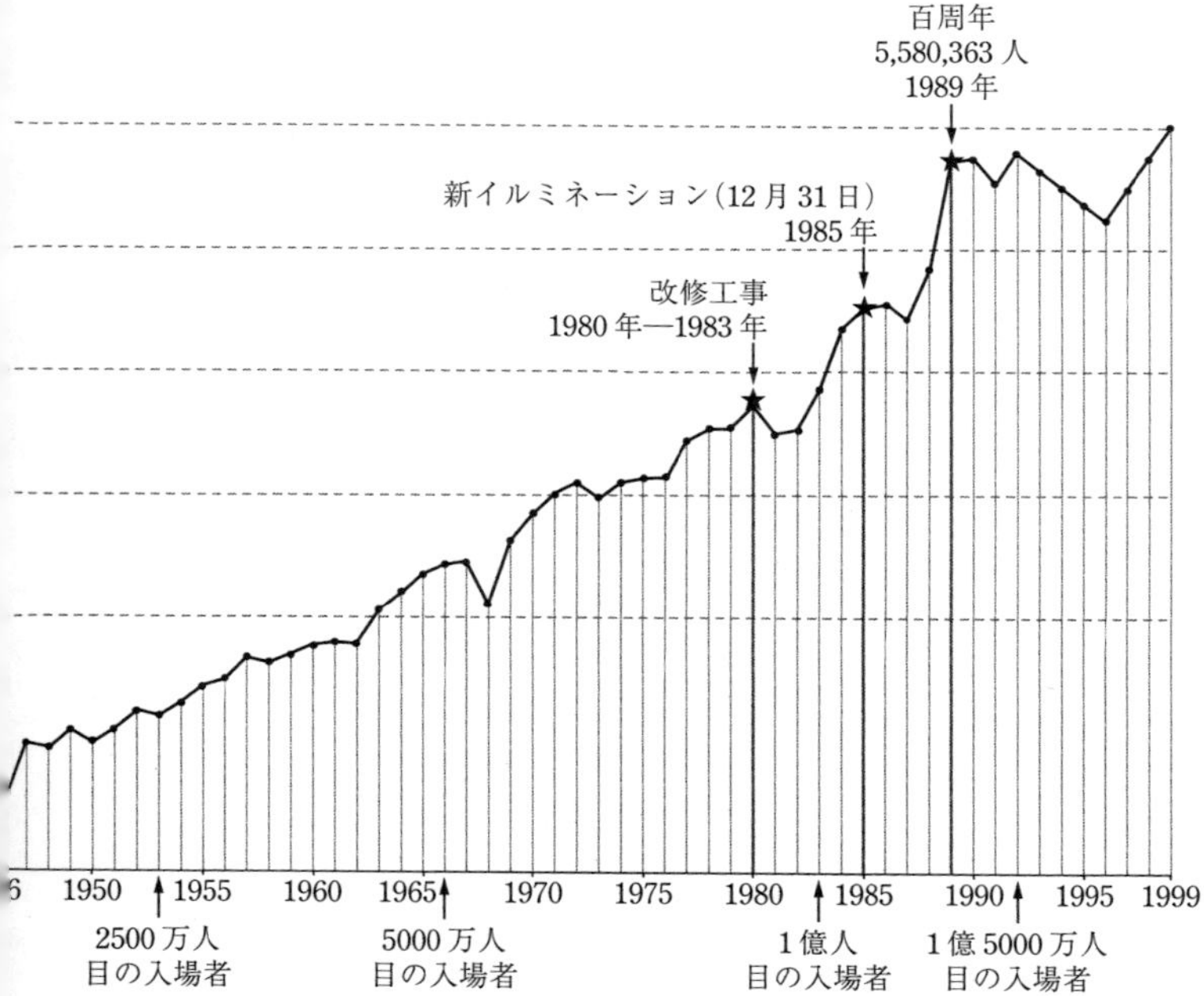

百周年
5,580,363人
1989年
新イルミネーション(12月31日)
1985年
改修工事
1980年—1983年
6
1950
1955
1960
1965
1970
1975
1980
1985
1990
1995
1999
2500万人
目の入場者
5000万人
目の入場者
1億人
目の入場者
1億5000万人
目の入場者

エッフェル塔入場者数

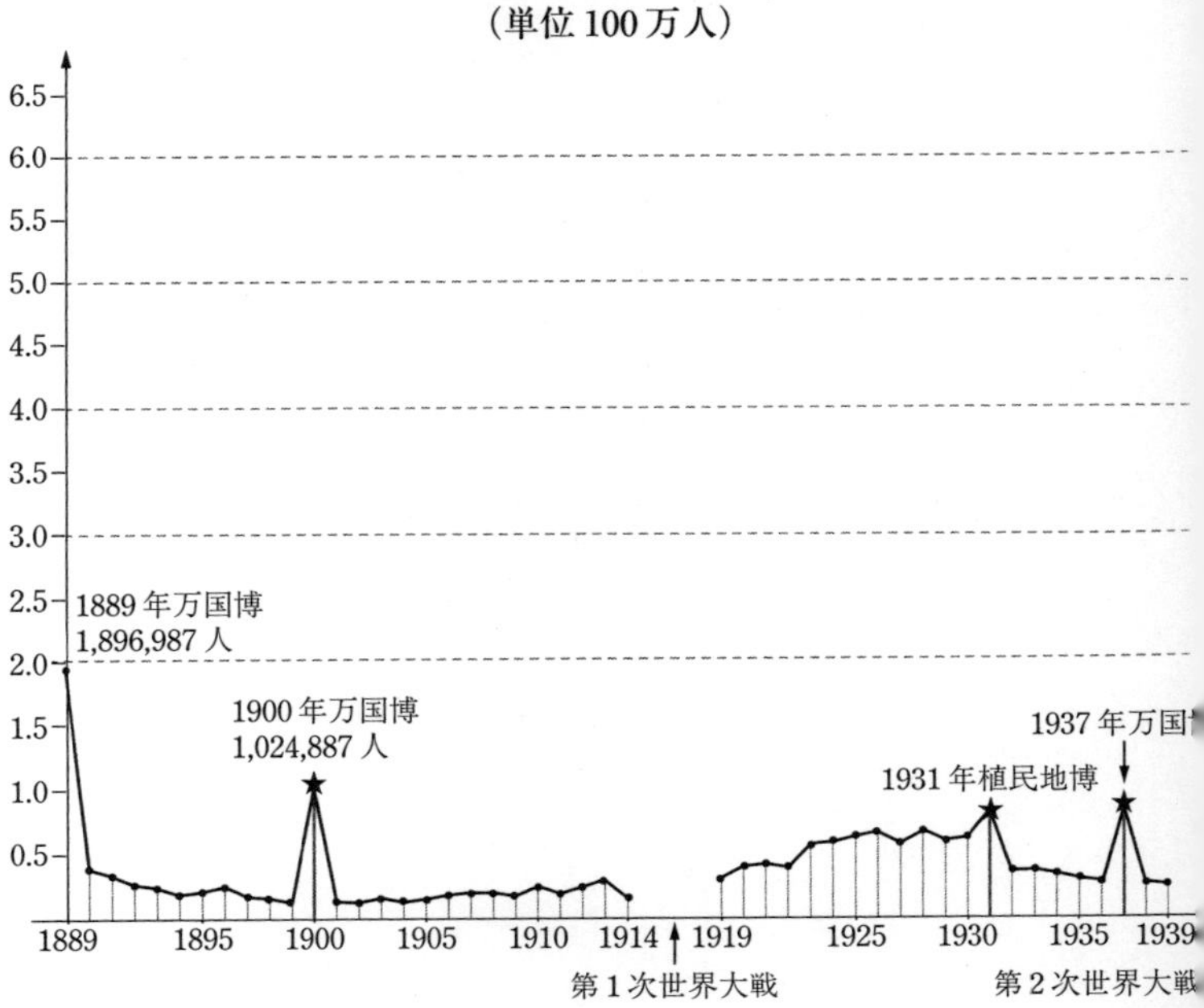

(単位100万人)
6.5
6.0
5.5
5.0
4.5
4.0
3.5
3.0
2.5
2.0
1.5
1.0
0.5
1889年万国博
1,896,987人
1900年万国博
1,024,887人
1931年植民地博
1937年万国
1889
1895
1900
1905
1910
1914
1919
1925
1930
1935
1939
第1次世界大戦
第2次世界大戦

エッフェル塔年表　（　）内は関連事項

日付	事項
一八三二年一二月一五日	（ギュスタヴ・エッフェルの誕生）
一八八四年六月六日	モーリス・ケクランとエミール・ヌーギエ、高さ三〇〇メートルの塔の原案を発表
一八八四年九月一八日	ギュスタヴ・エッフェル、モーリス・ケクラン、エミール・ヌーギエは高さ三〇〇メートルを超える鉄柱塔建設に関する新案特許を登録
一八八五年一二月二八日	（ジュール・グレヴィ、共和国大統領再選）
一八八六年五月一日	一八八九年万国博建築コンクールの条件に関する法令
一八八六年五月一八日	同コンクール出願期日
一八八六年六月一二日	選考委員会、フェルディナン・デュテル、カミーユ＝フォルミジェ、ギュスタヴ・エッフェルとステファン・ソーヴェストルの設計図を最優秀作品に決定
一八八六年一〇月二六日	（ニューヨークで、自由の女神像の除幕式）
一八八七年一月八日	国、セーヌ県知事、ギュスタヴ・エッフェルの間で、シャン＝ド＝マルスに三〇〇メートルの鉄塔建設に関する協定の成立。塔の経営は一八九〇年一月一日

　　から二〇年間ギュスタヴ・エッフェルに委託
一八八七年一月二八日　エッフェル塔建設開始
一八八七年二月一四日　『ル・タン』紙、「芸術家の抗議文」とギュスタヴ・エッフェルの反論を掲載
一八八七年一二月三日　（サディ・カルノ、共和国大統領就任）
一八八八年　（ギュスタヴ・エッフェル、パナマ運河建設工事開始）
一八八八年一二月三一日　エッフェル塔会社創立
一八八九年三月九日　国務院審議会、ギュスタヴ・エッフェルとジュール・ジャリュゾの間で交わされた、塔をモチーフとする商品を製造する独占契約を無効とする
一八八九年三月三一日　エッフェル塔の落成式
一八八九年四月一日　（ブーランジェ将軍、ベルギーへ亡命）
一八八九年五月五日　万国博の開幕
一八九〇年　エッフェル塔頂上に気象観測所の設置
　　シャン＝ド＝マルスの所有権をパリ市に移転する協定の成立（三月二九日）
一八九二年　ルイ・カイエテの空気力学の実験
　　エッフェル塔黄土色に塗り替え
一八九三年二月九日　（ギュスタヴ・エッフェル、パナマ事件で有罪、一八九三年六月一五日無罪）
一八九四年六月二七日　（ジャン・カシミル＝ペリエ、共和国大統領就任）
一八九五年一月一七日　（フェリックス・フォール、共和国大統領就任）
一八九七年一二月二八日　一九〇〇年万国博事務総長とエッフェル塔会社の間で万博会期中塔の経営に関

する協定成立
ギュスタヴ・エッフェル、万国博用に塔の改修に着手

一八九八年一一月五日　エッフェル塔—パンテオン間、最初の無線通信

一八九九年二月一八日　（エミール・ルーベ、共和国大統領就任）

一八九九年　エッフェル塔塗り替え工事。基部は濃く上部は薄く、黄色の濃淡で染め分け

一九〇〇年二月一四日　万国博の祝典。エッフェル塔の照明、電気となる。プラットホームとエレベーターの改修

一九〇〇年七月一六日　（パリ初の地下鉄開通）

一九〇二年一一月一五日　国はパリ市が一八八九年万国博の機械館を解体し、シャン＝ド＝マルスの土地を譲渡することを認可

一九〇二年　塔の三階上部の合掌部分の強化

一九〇三年五月二二日　エッフェル塔のメンテナンスに関するセーヌ県技術審議会の第一回会合

一九〇三年七月九日　古都パリ保存委員会、営業権の期限切れ（一九一〇年）にエッフェル塔の解体を提案

一九〇三年八月一一日　エッフェル塔の解体に対するフランス科学振興協会の抗議

一九〇三年一〇月一〇日　エッフェル塔監視委員会、塔の存続を要望

一九〇三年一一月六日　エッフェル塔解体論に対するフランス土木技師協会の抗議
セーヌ県土木審議会、エッフェル塔の営業権の延長に賛成

一九〇三年一二月一四日　パリ七区、一五区議員、エッフェル塔の保存を要請

一九〇三年一二月一五日　ギュスタヴ・エッフェルは国防省に塔を無線電信の実験用に提供し、費用の負担を申し出る。一九〇四年一月二一日国防省が了承し、フェリエ大尉、塔にアンテナを設置

一九〇四年　ギュスタヴ・エッフェル、塔で空気力学の実験開始

一九〇五年—〇七年　無線電信局の設置（一月二一日）
エッフェル塔と、フランス東部の要塞や北アフリカの要塞との間に通信施設の配置

一九〇六年一月一七日　（アルマン・ファリエール、共和国大統領就任）

一九〇六年七月一二日　パリ市議会、セーヌ県知事がエッフェル塔の営業権を五年間延長することを承認

一九〇六年一二月一日　エッフェル塔の営業権を一九一五年一月一日まで延期する旨のセーヌ県知事の法令

一九〇七年　エッフェル塔の塗り替え工事。六メートルの時計、三階に取り付け
ギュスタヴ・エッフェル、塔の足元に風洞装置を設置

一九〇八年　（シャン＝ド＝マルスの整備工事の開始）

一九〇八年五月一五日　塔の営業権を一九二六年一月一日まで延期するセーヌ県知事の法令

一九〇九年　地下軍事無線電信局の完成。エッフェル塔で無線電話の最初の実験
（ギュスタヴ・エッフェル、シャン＝ド＝マルスの空気力学研究所を改装）
（一八八九年万国博の機械館の解体）

一九一〇年五月二三日　エッフェル塔から最初の規則的な時間信号の伝送。全地球上の時間の統一と経度の正確な決定が可能となる
一九一二年　（ギュスタヴ・エッフェル、パリ・ボワロー街に風洞装置を設置）
一九一三年一月一七日　（レイモン・ポワンカレ、共和国大統領就任）
一九一四年　エッフェル塔塗り替え工事。大戦により中断、一九一七年完成
一九一四年八月三日　（ドイツ、フランスに宣戦）
　エッフェル塔は接収され、「軍事基地」となり営業禁止となる
一九一八年一一月一一日　（停戦協定）
一九一九年五月三一日　エッフェル塔の解放
一九一九年六月二八日　（ヴェルサイユ条約）
一九一九年七月二三日　一九四五年一二月三一日まで塔の営業権を延期することに関するパリ市議会の審議
一九二〇年一月一七日　（ポール・デシャネル、共和国大統領就任）
一九二〇年九月二四日　（アレキサンドル・ミルラン、共和国大統領就任）
一九二一年六月　塔の無線電信局、「エッフェル塔ラジオ」となる
一九二一年一二月　ギットリ親子、エッフェル塔から最初のラジオ放送の実験
一九二二年　北側脚柱部に仮のラジオ局設置
一九二三年一二月二七日　（ギュスタヴ・エッフェルの死）
一九二四年六月一三日　（ガストン・ドゥメルグ、共和国大統領就任）

一九二四年　エッフェル塔、黄茶色に塗り替え
一九二五年五月二七日　フェルナン・ジャコポツィ、「シトロエン」の広告イルミネーションの設置工事開始
一九二五年七月四日　広告イルミネーションの祝典
一九二五年一一月三日　モーリス・プリヴァ、エッフェル塔の放送スタジオから「話す新聞」の放送開始
一九二六年　モーターショーのためフェルナン・ジャコポツィ、エッフェル塔をキラキラ光る滝や泉でライトアップ
一九二七年　モーターショーのため、フェルナン・ジャコポツィ、照明のモチーフを変更。炎と光の渦が塔全体を包む
一九二八年一〇月　フェルナン・ジャコポツィ、エッフェル塔に「シトロエン」の新型モデル「6」「4」「7」の宣伝イルミネーションを設置
一九二九年五月二日　北側脚柱部でギュスタヴ・エッフェルの胸像の除幕式
一九三一年五月一三日　（ポール・ドゥメ、共和国大統領就任）
一九三二年二月一六日　（ギュスタヴ・フェリエの死）
一九三二年五月一〇日　（アルベール・ルブラン、共和国大統領就任）
一九三三年五月一三日　エッフェル塔に文字盤の直径二〇メートルの時計設置
一九三四年　エッフェル塔に光る温度計の設置
一九三五年　塔の頂上から最初のテレビ放送

一九三七年　万国博のためアンドレ・グラネ、塔の二階を改装、画期的イルミネーションを演出
一九三九年　エッフェル塔塗り替え
一九三九年九月　（第二次世界大戦）
エッフェル塔の接収
一九四〇年六月一四日　ドイツ軍、エッフェル塔を占領
一九四〇年七月一〇日　（ペタン元帥、国家元首となる）
一九四四年六月三日　（暫定政権）
一九四四年八月二四日　エッフェル塔にフランス国旗を掲揚
一九四四年八月二六日　アメリカ軍、エッフェル塔を占領
一九四六年　同占領の終了（三月二五日）
（モーリス・ケクランの死）
一九四六年一〇月一〇日　セーヌ県知事とエッフェル塔会社、営業権を一九五〇年一月一日まで延期することに合意
さらに、塔の経営は一九八〇年一月一日までエッフェル塔会社に委託
一九四七年一月一六日　（ヴァンサン・オーリオル、共和国大統領就任）
一九四七年　エッフェル塔塗り替え
一九五三年　フランスの三テレビ局のうち二つがエッフェル塔に入る
一八八九年開業以来、塔に二五〇〇万人目の観光客の入場

一九五三年一二月二三日　(ルネ・コティ、共和国大統領就任)
一九五四年　エッフェル塔赤茶色に塗り替え
一九五六年一月三日　エッフェル塔四階で火災発生
一九五七年　エッフェル塔頂上の改造
テレビアンテナの設置、塔の高さ、三一八・七〇メートルに
一九五八年五月　エッフェル塔、シャン＝ド＝マルス公園の溝に取り付けられたプロジェクター
によりライトアップ
一九五八年一二月二一日　(ド・ゴール将軍、共和国大統領就任)
一九六一年　エッフェル塔塗り替え
一九六四年六月二四日　エッフェル塔「歴史建造物」登録
一九六五年六月九日　塔北側脚柱部に新エレベーター設置
一九六八年　エッフェル塔、グレー・ベージュ色に塗り替え
一九六九年六月一五日　(ジョルジュ・ポンピドゥー、共和国大統領就任)
一九七一年　一九〇二年に強化された合掌部分の補修作業開始
一九七四年　エッフェル塔塗り替え
一九七四年五月一九日　(ヴァレリー・ジスカール・デスタン、共和国大統領就任)
一九七五年　エッフェル塔塗り替え
一九七七年三月二五日　(ジャック・シラク、パリ市長就任)
一九七九年一二月一四日　パリ市、不動産公社にエッフェル塔開発公社の創立を委託

エッフェル塔開発公社は一九八〇年一月一日から塔の経営を開始
一九八〇年　ベルナール・ロシェ、エッフェル塔開発公社総裁就任
一九八一年三月　エッフェル塔「改修工事」の開始
一九八一年五月一〇日　（フランソワ・ミッテラン、共和国大統領就任）
一九八一年五月二五日　パリ市、エッフェル塔開発公社に一九八一年一月一日から二〇〇五年一二月三
一日まで二五年間の営業権を認可
一九八一年一二月七日　「エッフェル塔ラジオサービス」の放送開始
一九八二年九月二三日　エッフェル塔二階施設の改装記念祝典
一九八三年一二月　塔のラセン階段の売却
塔の「改修工事」終了
一九八五年一二月三一日　ピエール・ビドによるエッフェル塔の新イルミネーションの完成
一九八八年　エッフェル塔塗り替え
一九八八年五月八日　（フランソワ・ミッテラン、共和国大統領再選）
一九九三年八月　エッフェル塔入場者一億五〇〇〇万人を突破
一九九五年五月七日　（ジャック・シラク、共和国大統領就任）
一九九五年六月二五日　（ジャン・ティベリ、パリ市長就任）
一九九五年　ジャクリーヌ・ヌブー、エッフェル塔開発公社総裁就任
エッフェル塔「エッフェル塔の茶色」に塗り替え
一九九七年四月五日　真夜中に二〇〇〇年のカウントダウンを示すイルミネーションが輝く

« Sept groupes de projecteurs illuminent la Tour Eiffel », *Le génie civil*, n° 18, 15 septembre 1958, p.10.

SEVIN A. et TANTER A., *Les Champs Élysées de la rive gauche, une opération haussmannienne au temps du municipalisme, l'aménagement du Champ-de-Mars, 1880-1904*, rapport (direction de la recherche architecturale), 1982.

STIÉVENARD J., « Les écoles de la Tour », *Revue des sciences humaines*, Lille, Université de Lille III, 1990, 2-218, pp. 41-59.

« Un nouveau succès au palmarès de Mazda Infranoz : la nouvelle robe de lumière de la Tour Eiffel », *Mazda contact*, n° 53, juillet 1958, pp. 15-17.

Société nouvelle d'exploitation de la Tour Eiffel : 1er janvier 1980-1er janvier 1985, Paris (Société nouvelle d'exploitation de la Tour Eiffel), s.d.

mémoire présenté en vue de l'obtention du diplôme d'expertise comptable, avril-mai 1981.

LEMOINE B., *Gustave Eiffel*, Paris, Hazan, 1984.

LEMOINE B., *La Tour de Monsieur Eiffel*, Paris, Gallimard, 1989.

Le mouvement social, n° 149, octobre-décembre 1989.

LÉOTARD de M.-L., « La Tour Eiffel va-t-elle mourir ? », *L'Express*, n° 1355, 27 juin-3 juillet 1977.

LOYRETTE H., *Gustave Eiffel*, Paris, Payot, 1986.

LOYRETTE H., « La Tour Eiffel », *Les lieux de mémoire*, Pierre Nora dir., Paris, Gallimard, 1997, tome 3, pp. 4271-4293.

Les travaux de réaménagement de la Tour Eiffel », *Le Moniteur des travaux publics et du bâtiment*, n° 38, 17 septembre 1982, pp. 77-79.

MARREY B., *Gustave Eiffel et son temps*, catalogue de l'exposition présentée au musée de la Poste, 18 décembre 1982-15 janvier 1983.

MARREY B., *La vie et l'œuvre extraordinaires de Monsieur Gustave Eiffel, ingénieur qui construisit la statue de la Liberté, le viaduc de Garabit, l'observatoire de Nice, la gare de Budapest, les écluses de Panama, la Tour Eiffel, etc.*, Paris, Graphite, 1984.

MAYER Ch., « Une visite au poste de T.S.F. de la Tour Eiffel », *Sciences et voyages*, N° 152, 27 juillet 1922, pp. 10-12.

OGER A., « À 90 ans, la Tour Eiffel change de père », *L'Aurore*, 20 octobre 1979.

« On parle de déboulonner la Tour Eiffel, M. Frantz Jourdain proteste énergiquement », *La cité moderne*, juin 1933.

PRÉVOST J., *Eiffel*, Paris, Les Éditions Rieder, 1929.

« Quand le gaz prend l'ascenseur », *Gaz de France information*, n° 135, 1er juin 1960, pp. 8-14.

RABATÉ J.-L., « Les travaux de peinture de la Tour Eiffel », *Le Moniteur des travaux publics et du bâtiment*, n° 25, 19 juin 1976, pp. 105-109.

RIBEILL G., « Les armes du succès », *Les cahiers de science et vie*, n° 35, octobre 1996, pp. 32-40.

RICHARD-MOUNET L., « Les fêtes de la lumière et de l'eau », *L'illustration*, n° 4917, 29 mai 1937.

ROCHER B., « Un budget de 205 millions pour rajeunir la “demoiselle de fer” », *Le Moniteur des travaux publics et du bâtiment*, n° 38, 17 septembre 1982, pp. 77-79.

RORET J., « À propos de la Tour », *Arts et Manufactures*, n° 388, juin-juillet 1987.

SABATES F. et SCHWEITZER S., *André Citroën, les chevrons de la gloire*, Paris, E.P.A., 1980.

« Création et protection, un entretien avec Jean Nouvel », *Apologie du périssable*, Rodez, Éditions du Rouergue, 1991.

DHÔTEL F., « Aperçu sur les principaux aspects de la conservation de la Tour Eiffel », *Bulletin ICOMOS-France*, n° 36-37, 1995, pp. 38-41.

ELLIS J. S., « Les brevets de Gustave Eiffel », *Arts et Manufactures*, n° 388, juin-juillet 1987.

FEITZ A., « L'argent de la vieille », *L'Expansion*, n° 285, 16 mai-5 juin 1986, pp. 88-97.

FONTANON C., « De l'air au "plus lourd que l'air" », *Les cahiers de science et vie*, n° 35, octobre 1996, pp. 56-72.

FRÉMY D., *Quid de la Tour Eiffel*, Paris, Robert Laffont, 1989.

GAILLARD F., « La Tour Eiffel ou les paradoxes de la modernité », *Revue des sciences humaines*, Lille, Université de Lille III, 1990, 2-218, pp. 117-132.

GENÈS P.-H., « Le vent et la Tour Eiffel », *Instantanés techniques* (La lettre trimestrielle des techniques de l'ingénieur), n° 11, mai 1989, pp. 4-7.

GIRARDET S., MERLEAU-PONTY C., TARDY A., « La muse de fer », *Monuments historiques*, n° 132, avril-mai 1984, pp. 28-32.

GOSSNER G., « La Tour Eiffel. La restauration des structures métalliques », *Arts et Manufactures*, n° 354, février 1984.

GRANET A., *Catalogue sommaire illustré du fonds Eiffel*, Paris, Musée d'Orsay, Éditions de la Réunion des musées nationaux, 1989.

GRANET A., *Décors éphémères, Paris, 1909-1948*, préface du Prince Louis-Victor de Broglie, Paris, 1948.

HAUTECŒUR L., « La Tour Eiffel a 75 ans », *Jardin des arts*, n° 113, 1964, pp. 2-11.

JOURDAIN F., « On parle de déboulonner la Tour Eiffel », *La cité moderne*, 11 juin 1933.

« La couverture du restaurant du 2e étage de la Tour Eiffel », *Le Moniteur des travaux publics et du bâtiment*, n° 29, 20 juillet 1984, pp. 43-45.

LAMBERINI D. et MANNO TOLU R., *La Tour Eiffel au bord de l'Arno*, catalogue de l'exposition présentée aux Archives nationales de Florence, 25 mars-8 juillet 1999.

« La Tour Eiffel perd sa tour », *Le nouvel économiste*, n° 206, 29 octobre 1979, p.115.

« La Tour se prépare pour 1989 », *Ville de Paris*, n° 22, mai 1981, pp. 20-23.

Le journal de la Tour Eiffel, 1889-1989, Paris, Société nouvelle d'exploitation de la Tour Eiffel, 1989.

LEBEGUE M., *L'exploitation de la Tour Eiffel et son adaptation aux données actuelles. Aspects économiques, juridiques, fiscaux, comptables et financiers*,

PLANAT P., « Causerie. L'Exposition universelle de 1889 », *La construction moderne*, 1er mai 1886, pp. 345-347.

PLANAT P., « L'Exposition de 1889 et la Tour de 300 mètres », *La construction moderne*, 29 mai 1886, pp. 397-399.

PLANAT P., « Causerie. Les tours colossales », *La construction moderne*, 12 juin 1886, pp. 421-424.

PLANAT P., « Causerie. La tour-drague », *La construction moderne*, 26 juin 1886, pp. 445-447.

RIEGL A., *Der moderne denkmalkultus*, traduit en français par Wieczorek D. sous le titre : *Le culte moderne des monuments, son essence et sa genèse*, Paris, Éditions du Seuil, 1984.

« Tour de 300 mètres de hauteur », *Revue de l'architecture et des travaux publics*, vol. 42, 1885, col. 32-35.

最近の文献

AGULHON M., *La République, 1880-1932*, Paris, Éditions Hachette, 1990.

Arts et Manufactures, n° 354, février 1984 ; n° 355, mars 1984 ; n° 356, avril 1984 ; n°388, juin-juillet 1987.

BARTHES R., *La Tour Eiffel*, Paris, 1964.

BELTRAN A., *L'énergie électrique dans la région parisienne entre 1878 et 1946*, thèse pour le doctorat d'État sous la direction de François Caron, Université de Paris IV Paris-Sorbonne, 1985.

BIDEAU P., « Par la magie de l'éclairage, le nouveau "look" de la Tour Eiffel », *Lux (la revue de l'éclairage)*, n° 138, mai-juin 1986, pp. 35-41.

BRAIBANT Ch., *Histoire de la Tour Eiffel*, Paris, Plon, 1964.

BUISINE A., « Le miroir aux photographes », *Revue des sciences humaines*, Lille, Université de Lille III, 1990, 2-218, pp. 67-83.

CAZAUX M., « Tour Eiffel : nouveau concessionnaire pour une meilleure exploitation », *Le Figaro*, 20 octobre 1979.

CHENEVIÈRE J., « Tour Eiffel et bande dessinée », *Revue des sciences humaines*, Lille, Université de Lille III, 1990, 2-218, pp. 35-39.

COLAS, « Le feu à la Tour Eiffel », *Allô dix-huit*, n° 495, août-septembre 1992, pp. 23-24.

CORDAT Ch., *La Tour Eiffel* (préface de Le Corbusier), Paris, Éditions de Minuit, 1955.

CORDIER G., *À propos de l'œuvre de Gustave Eiffel. Documentation et réflexions sur les circonstances et les méthodes de construction au XIXe siècle*, Corda, Paris, 1978.

municipal, n° 1, 11 avril 1986 (séance du 20 janvier 1986), pp. 20-21.

Raffegeau (président de la Société de la Tour Eiffel), discours prononcé lors de l'inauguration de l'ascenseur de la Tour Eiffel, 9 juin 1965.

Rocher B., Allocution prononcée à l'occasion de l'inauguration des installations du premier étage de la Tour Eiffel, 23 septembre 1982, Service de presse de la Société nouvelle d'exploitation de la Tour Eiffel.

—— B. 著作，論文，雑誌 ——

古い文献

« À la découverte de la Tour Eiffel », *Le Temps*, avril 1889, reproduit dans Le Monde, 9-10 avril 1989.

Baudot de A., « Exposition de 1889. Après le concours », *La construction moderne*, 5 juin 1886, pp. 411-412.

« Concours pour l'Exposition de 1889 », *La construction moderne*, 12 juin 1886, pp. 425-427 ; 26 juin 1886, pp. 449-451 ; 24 juillet 1886, p. 502 ; 31 juillet 1886, p. 509.

Eiffel G., *Projet d'une tour colossale en fer de 300 mètres de hauteur*, Paris, 1884.

Eiffel G., *Tour en fer de 300 mètres de hauteur destinée à l'Exposition de 1889*. Projet présenté par G. Eiffel, dressé par É. Nouguier, M. Kœchlin et S. Sauvestre, Paris, 1885.

Eiffel G., « Les grandes constructions métalliques », conférence à l'Association pour l'avancement des sciences, 10 mars 1888, Paris, 1888.

Eiffel G., *La Tour Eiffel en 1900*, Paris, Masson et Cie, 1902.

Eiffel G., *Recherches expérimentales sur la résistance de l'air, exécutées à la Tour Eiffel*, Paris, 1907 (réédité en 1909 et 1913).

Eiffel G., *La résistance de l'air et l'aviation. Expériences effectuées au laboratoire du Champ-de-Mars*, Paris, 1910.

Hardy A., « Concours pour le palais de l'Exposition de 1889 », *Revue de l'architecture et des travaux publics*, 4e série, 13e vol., 1886, col. 80-87 et 173-179.

Huysmans K., *Certains*, 1889, Paris, (réédition, 1975), Union générale d'éditions.

Julien F., « L'Exposition universelle de 1889 », *La construction moderne*, 15 mai 1886, p. 383.

« L'Exposition universelle de 1889 », *La construction moderne*, 22 mai 1886, p. 395.

Paulin E., « Concours pour l'Exposition de 1889 », *La construction moderne*, 3 juillet 1886, pp. 458-460.

Picard A., *L'Exposition universelle de 1889 à Paris, Rapport général*, Paris, 1891-1892.

débats, conseil municipal, n° 10, 15 novembre 1979 (séance du 22 octobre 1979), pp. 752, 758-761.

Chirac J., Allocution prononcée à l'occasion de l'inauguration des installations du premier étage de la Tour Eiffel, 23 septembre 1982, Service de presse de la Société nouvelle d'exploitation de la Tour Eiffel.

Communication relative aux problèmes posés par l'exploitation de la Tour Eiffel, *Bulletin municipal officiel de la Ville de Paris*, débats, conseil municipal, n° 8, 22 octobre 1980 (séance du 22 septembre 1980), pp. 586-589.

Conseil municipal de Paris, séance du 23 février 1981, *Bulletin municipal officiel de la Ville de Paris*, 27 mars 1981.

Conseil municipal de Paris, séance du 11 juillet 1983, *Bulletin municipal officiel de la Ville de Paris*, 3 septembre 1983.

Convention du 10 octobre 1946 relative à la Tour Eiffel, préfecture de la Seine.

Convention du 14 décembre 1979 entre la ville de Paris et la Société anonyme de gestion immobilière.

Convention du 25 mai 1981 entre le maire de Paris, le président de la Société nouvelle d'exploitation de la Tour Eiffel et le président de la Société anonyme de gestion immobilière.

Déclaration de M. Le Maire de Paris au sujet de l'amendement « Tour Eiffel », *Bulletin municipal officiel de la Ville de Paris*, débats, conseil municipal, n° 10, 26 février 1986, (séance du 25 novembre 1985), pp. 528-535.

Délégation permanente de la commission supérieure des Monuments historiques, procès verbal de la séance du 9 décembre 1963.

Dossiers de presse de la Société nouvelle d'exploitation de la Tour Eiffel.

Greber J., « Directives générales données pour l'élaboration du plan d'ensemble de l'Exposition de 1937 », *Le Monde illustré*, hors-série, 29 mai 1937.

Lorin, Rapport sur l'incendie du 3e étage de la Tour Eiffel, 5 janvier 1956.

Ministère de la Culture, médiathèque du patrimoine, archives portant sur l'inscription de la Tour Eiffel à l'Inventaire supplémentaire des Monuments historiques.

Participation de la Ville de Paris au capital de la Société nouvelle d'exploitation de la Tour Eiffel, *Bulletin municipal officiel de la Ville de Paris*, délibérations, conseil municipal, n° 5, 28 juillet 1981 (séance du 1er juin 1981), pp. 369-376.

Premiers sondages et enquêtes, 1995, 1996 : Les visiteurs et la notoriété de la Tour Eiffel, Paris, Société nouvelle d'exploitation de la Tour Eiffel, s.d.

Question d'actualité de M. Sarre G. relative aux travaux en cours à la Tour Eiffel, *Bulletin municipal officiel de la Ville de Paris*, débats, conseil

Convention du 15 janvier 1902 entre l'État et la ville de Paris.

Le Moniteur de l'Exposition de 1889.

Mascart E., Lettre au commissaire général de l'Exposition de 1900, *Journal des débats*, 20 juillet 1894.

Montorgueil G., Rapport présenté à la Commission du vieux Paris, séance du jeudi 9 juillet 1903, supplément au *Bulletin municipal officiel de la Ville de Paris*, jeudi 24 septembre 1903.

Paoletti X., *Discours de M. Émile Chautemps, président du conseil municipal de Paris de février à novembre 1889*, Paris, Librairie A. Hennuyer, 1890.

Pétition présentée par MM. Spronck, Mithouard A., Lamblin R., Moreau E., conseillers municipaux, au nom de la commission d'intérêt local du 7e et du 15e arrondissement, *Bulletin municipal officiel de la Ville de Paris*, 15 décembre 1903 (conseil municipal de Paris, séance du 14 décembre 1903).

Prolongation de concession à la Société de la Tour Eiffel (M. Chérioux A., rapporteur), *Bulletin municipal officiel de la Ville de Paris*, 4 août 1906, pp. 2984-2985.

« Protestation des artistes », *Le Temps*, 14 février 1887.

Question de M. Jacques sur la prétention de M. Eiffel d'interdire à d'autres industriels qu'à M. Jaluzot le droit de reproduction de la Tour Eiffel, conseil municipal de Paris, procès-verbal du 11 mars 1889.

Selves de J., préfet de la Seine, *Mémoire au conseil municipal*, 13 novembre 1903.

Société des ingénieurs civils de France, « Protestation contre la proposition de démolition de la Tour Eiffel », comité du 6 novembre 1903.

Société de la Tour Eiffel, statuts, Les impressions J.O.L.I., s.d.

現代の資料

Approbation : 1°/ du programme de travaux à entreprendre sur la Tour Eiffel : financement des travaux, convention de gestion du monument, participation de la Ville de Paris au capital de la société gestionnaire ; 2°/ d'un marché de prestation intellectuelle pour l'expertise de la Tour Eiffel, *Bulletin municipal officiel de la Ville de Paris*, débats, conseil municipal, n° 2, 27 mars 1981 (séance du 23 février 1981), pp. 93-99.

Arrêté du 11 septembre 1981 portant approbation de la prise de participation de la Ville de Paris au capital de la Société nouvelle d'exploitation de la Tour Eiffel, *Journal officiel*, lois et décrets, n° 232 N.C., 3 octobre 1981, p. 8891.

Autorisation à M. Le Maire de Paris de conclure une convention avec la SAGI en vue de la création par cet organisme d'une société qui aura pour mission d'assurer l'exploitation de la Tour Eiffel à compter du 1er janvier 1980 pour une durée de deux ans, *Bulletin municipal officiel de la Ville de Paris*,

出典と参考文献

ギュスタヴ・エッフェルとエッフェル塔に関する著作は無数にある．ここでは，本書で取り上げた重要項目を読者がさらに深めることができる参考資料を選び出した．

—— A. 出典 ——

古い資料

Arrêté du 1er décembre 1906 du préfet de la Seine prolongeant la concession de la Tour Eiffel.

Association française pour l'avancement des sciences, « Protestation contre la proposition de démolition de la Tour Eiffel », assemblée générale du 11 août 1903.

Avis du Conseil d'État, séance du 9 mars 1889, *Bulletin officiel de l'Exposition de 1889*, n° 122, 16 mars 1889.

CHÉRIOUX A., Rapport au nom de la 3e commission, sur l'aménagement et l'embellissement du Champ-de-Mars et les travaux à exécuter dans le périmètre de l'Exposition de 1900, conseil municipal de Paris, 1903.

CHÉRIOUX A., Rapport au nom de la 3e commission, sur une demande de prolongation de la concession de la Société de la Tour Eiffel, conseil municipal de Paris, 1906.

Comité technique de la préfecture de la Seine, procès-verbal de la séance du 22 mai 1903.

Comité technique de la préfecture de la Seine, procès-verbal de la séance du 6 novembre 1903.

Commission de surveillance de la Tour de 300 mètres, procès-verbal de la séance du 10 octobre 1903.

Commission du vieux Paris, séance du 9 juillet 1903, supplément au *Bulletin municipal officiel de la Ville de Paris*, 24 septembre 1903, pp. 2989-2991.

Convention du 8 janvier 1887 relative à la Tour Eiffel, Paris, Imprimerie Chaix, 1889.

Convention du 28 décembre 1897 relative à la Tour Eiffel, ministère du Commerce, de l'Industrie, des Postes et des Télégraphes.

索　引

ア　行

カ　行

サ　行

タ　行

写真のクレジット

カバー：Roger-Viollet
p. 34：© SNTE
p. 35：Archives nationales/Institut français d'architecture-Archives d'architecture du XXe siècle, Paris
p. 36：© Belin-E. Rioufol
p. 37：© SNTE
pp. 38－39：Archives nationales/IFA-Archives d'architecture du XXe siècle, Paris
pp. 40－41：© SNTE
p. 42：© Roger-Viollet
p. 43：© Boyer-Viollet
p. 44：© SNTE
pp. 45－46：© ND-Viollet
pp. 47－48：© SNTE
p. 49： Musée d'Orsay（Fonds Eiffel）
p. 50： J.L.Charmet
p. 51：© ND-Viollet
p. 78：© SNTE
p. 79： J.L.Charmet
pp. 80－81：© ND-Viollet
p. 82：© IGN photos
p. 83：© F.Seitz
p. 108：© Belin-M.Kempf
p. 109：© Cap-Viollet
p. 110：IFA/DAF
pp. 111－112：© Citroën Communication
pp. 113－114：IFA/DAF
p. 115：Collection Cat's
p. 116：Affiche de Bernard Villemot-©ADAGP, Paris 2001
pp. 134－137：SNTE
p. 138：Philips Eclairage
p. 139：Sipa Press

訳者あとがき

百年の思いのこもる鉄の塔
エッフェルの夢　フランスの夢

エッフェル塔は単なる建造物から、どのようにしてパリのシンボルとなり、文化遺産となったのだろうか？

本書は、建築の権威がこの問題を解明すべく、エッフェル塔の歴史的背景を技術、芸術、都市問題、建築、政治などさまざまな角度から解説している。

パリは意表をつく街である。ド・ゴール空港の新奇なビル。街に入っても決して石造りのクラシックな建物ばかりではない。銀色の新オペラ座、ルーヴル美術館のガラスのピラミッド入り口、醜悪ともいえるパイプむきだしのポンピドゥー・センター、トルビアックに新築された四冊の本を広げた形の「知の殿堂」フランス国立図書館の斬新なデザインなど枚挙にいとまがないほどである。実は、一八八九年の鉄骨のエッフェル塔もまさにそうであった。

エッフェル塔は一八八九年のパリ万国博の呼び物として建てられたが、建設当初から賛否両論の渦にさらされた。一九〇〇年の万国博にも塔は健在だったが、反対論には根強いものがあった。営業権（二〇年間）が消滅する一九〇九年には取り壊しが予定されていたが、当時発明されたばかりの無線通信のアンテナとして役立つことが分かり、難を逃れた。以後軍事無線施設として、存続が決定した。その後ラジオ放送、テレビ放送の施設として親しまれるようになり、次第にパリのシンボル、フランス全体のシンボルとなった。

二〇世紀後半エールフランス社がパリ－ロンドン間の宣伝ポスターにエッフェル塔を使ったことから、国際的地位が確立した。今日、エッフェル塔はヨーロッパで最も有名な建物の一つである。

一九六四年、エッフェル塔は「歴史建造物」に登録された。

とはいえ、文化遺産としての価値を尊重する経営が行われるようになったのは、一九八〇年の公社化以後のことである。当時のパリ市長の強い意志により、エッフェル塔はパリのシンボルとして再生した。大規模な改修工事が行われ、照明装置も一新した。その結果、エッフェル塔は国際都市パリの一、二を争う人気スポットとなり、入場者は毎年三五〇万人に上った。一九九三年には、入場者は一億五〇〇〇万人を超えた。

このように、エッフェル塔には一〇〇年以上の歴史があるので、一九八九年の百周年記念には、フランスや日本で記念の展覧会が開催された。読者の皆様の中にはご記憶の方も多いと思われる。パリで現物を見たり、展望台まで昇ったことのある方もおられるだろう。ちなみに、塔の北脚には建設者ギュスタヴ・エッフェルの胸像があるのをご存じだろうか？

一八八九年の万国博は、第三共和制（一八七〇―一九四〇）のもとで開催が決定された。しかし、フランス革命百周年に当たることから、ヨーロッパの諸王国は革命を記念する国際博であると受け止め、好意的ではなかった。そこで政府は打開策として、シャン＝ド＝マルスに世界一高い建造物を建設することにした。建築コンクールが開催され、最終的にエッフェル案が選ばれたのは、エッフェル塔が「金属産業の独創的傑作」であり、万国博開催の主旨に十分かなうと見なされたからであった。従来の石造建築の多い応募作品には、将来への展望が見えなかったからであろう。

鉄骨建築は今では当たり前であるが、当時の先端技術であった。一八五一年のロンドン万国博のクリスタル・パレスが鉄骨建造物の初期の傑作であるが、そのころから普及し始めたのである。フランスでも、市場、駅、博覧会場、図書館、デパート、高架橋などに盛んに使われるようになった。エッフェル自身も、鉄骨建造物施設会社を経営し、駅舎、高架橋、自由の女神の骨組みなどを手がけた。

建築工法としては、これも当時普及し始めたプレハブ工法を採用し、工場生産の部品を工事現場で組み立てたので、工期はわずか二六か月であった。

万国博が始まるとすぐ、エッフェル塔はスーパースターとなった。人々は鉄骨建築の近代性を賛美し、世界一の高さに満足し、展望台からの光景に驚嘆した。塔にはエレベーターが設置されていたが、エレベーターそのものが珍しい時代だった。多分多くの人々にとって、エレベーターに乗ることは初体験だったに違いない。展望台から見下ろす、産業技術の粋を集めた万博会場に未来への夢と希望を見い出したことだろう。共和政府の威信をかけて開催した万国博は、技術革新のあかしともいうべきエッフェル塔の出現によって、成功を保証されたともいえよう。

ここで、フランスの文化遺産の歴史を簡単にたどってみよう。

一八世紀末に、文化財（芸術的、歴史的、考古学的価値のあるものを指す）の破壊行為が横行したフランス革命期の混乱を経て、その反動として、文化財を収集・保存する動きが見られるようになり、「歴史建造物」という概念が生み出された。

一八三〇年「歴史建造物局」が創設され、『カルメン』の作者プロスペル・メリメ（一八〇三―七〇）が中心となり、文化財総目録事業が推進された。同じころヴィクトル・ユゴー（一八〇二―八五）も作品『ノートル・ダム・ド・パリ』などを通じて、中世の文化遺産（建造物）を再評価、保護する必要があることを広めた。

一八六一年から一九一〇年にかけて、文化財の総目録（フランスの記念建造物・文化財目録）が作成された。さらに、一九六四年には文化大臣アンドレ・マルロー（任期一九五九―六九）のもとで、国立文化財目録作成委員会が創設された。現在は、文化省文化遺産局が芸術的、歴史的、考古学的価値のある文化遺産の調査、研究、保護と広報活動の任にあたっている。
「エッフェル塔」以外に、パリの文化遺産――歴史建造物、史跡――として主要なものは次の通りである。クリュニーのローマ時代の共同浴場跡、旧国立図書館（リシュリュー街）、シャイヨー宮、シャンゼリゼ通り、コンコルド広場、エリゼ宮（現大統領府）、アンヴァリッド、ルーヴル宮（現ルーヴル美術館）、リュクサンブール宮（現上院）、ノートル・ダム大聖堂、パンテオン、サクレ・クールなど。

文化遺産はその国の人々にとって、文化の象徴であると同時に、他の国の人々にとっても歴史と文化を知る貴重な指針であるといえよう。現代国際都市における文化遺産について一言触れてみよう。ロンドン、ニューヨーク、アテネの実例を挙げることにする。

ロンドンの文化遺産（歴史建造物）の多くは、ヴィクトリア朝に建てられたものである。テムズ川にかかる壮麗なゴシック様式の跳ね橋、タワー・ブリッジはロンドンのシンボルとなっている。他には、ビッグ・ベン（時計塔）で名高い国会議事堂、トラファルガー海戦の勝利の記念碑の立つトラファルガー広場、一八五一年の世界初の万国博の記念ともいうべきヴィクトリア・アルバート博物館などがある。いずれもロンドンの代表的建造物であり、都市の景観の一部となっている。

ニューヨークは、フェデラル・ホール国定記念館、自由の女神像などが有名である。フェデラル・ホールは初代大統領G・ワシントンの大統領就任式が行われた所で、ワシントンの記念品や合衆国憲法についての展示などがある。自由の女神像は、一八八六年アメリカ合衆国独立百周年を記念して、フランスからアメリカへ寄贈されたものである。制作はフランス人彫刻家バルトルディ、内部の骨組みはギュスタヴ・エッフェルの手がけたものだ。ニューヨーク港の入り口、リバティ島に聳え立つこの女神像は、新天地を求めて新大陸にやって来た移民たちが最初に目にする「アメリカ」であった。こうして女神像は世界中の自由の象徴となり、ニューヨークのシンボル、合衆国のシンボルとなっている。

最後にアテネであるが、アテネの場合は以上述べた都市とは少し異なっている。近代ギリシャは、トルコとの独立戦争を経て、一八三〇年成立したが、アテネの文化遺産は新生ギリシャの政治的統合のシンボルとして、積極的に活用された。パルテノン神殿を含むアクロポリスの丘は古代ギリシャ以来の遺産であるが、一八三〇年代から始まった修復事業は古代ギリシャ世界の復活であり、それを通じてギリシャが他のヨーロッパ諸国に匹敵する国際的地位を得ようとする政治的意図をもったものであった。

古くからアクロポリスはアテネ市の景観の中心的存在であったが、特に新生ギリシャの新しい首都造りの計画においては、その偉大な象徴性が強調された。現在アクロポリスの丘にはギリシャ国旗が高々と掲げられているが、これは記念建造物が国家の象徴となっていることを端的に示すものであろう。文化遺産アクロポリスは記念建造物そのものを造り上げた、類例のない都市国家アテネとその社会を代表しているのだ。この点、他の追随を許さない独自性があるといえよう。

一九七二年、世界遺産条約がユネスコで採択され、「世界遺産のリスト」が公表されている。以上述べた各都市の世界文化遺産は次の通りである。ロンドン―ロンドン塔。パリ―セーヌ河岸（ルーヴル美術館、ノートル・ダム大聖堂、エッフェル塔など）。ニューヨーク―自由の女神像。アテネ―アクロポリス。これらは、今日世界的観光ブームとともに、海外からの旅行者の人気スポットとなり、その外貨収入はそれら文化遺産の維持・保存に役立っている。当然保存・管理に関しては、多数の観光客を満足させる対策もとられるようになった。その上、テレビなどのメディアを通じて、一般の人々にも文化遺産への認識が高まっている。

ちなみに、エッフェル塔はフランスの文化遺産であると同時に世界遺産にも登録され、G・エッフェルの手がけた自由の女神像もアメリカのナショナル・ヘリテッジ（国の文化遺産）であると同時に、世界遺産でもある。誠に、ギュスタヴ・エッフェルは世界の文化遺産にかかわる世界的偉人の一人といえよう。

なお、原題は『エッフェル塔　百年の配慮』である。エッフェル塔に寄せる人々の、百年にわたる心遣い、愛着のゆえに、塔は文化遺産となったという意味であろう。なお、技術的問題については宮地巌先生にご教示いただいた。翻訳にあたっては原文の記述を尊重したが、明らかに誤りと思われるところは訳者等の責任において修正した。

最後に、出版の機会を与えていただいた玉川大学出版部の成田課長にお礼を申し上げて結びの言葉とする。

参考文献

倉田保雄『エッフェル塔ものがたり』岩波新書、一九八三年
エッフェル塔一〇〇周年記念展実行委員会『エッフェル塔　一〇〇年のメッセージ』群馬県立近代美術館、一九八九年
アンリ・ロワレット（飯田喜四郎・丹羽和彦訳）『ギュスタヴ・エッフェル　パリに大記念塔を建てた男』西村書店、一九八九年
松浦寿輝『エッフェル塔試論』筑摩書房、一九九五年
J＝ロベール・ピット（手塚章・高橋伸夫訳）『フランス文化と風景』東洋書林、一九九八年
網野善彦他編『ヒトと環境と文化遺産』山川出版社、二〇〇〇年
関隆志編『都市と文化財――アテネと大阪』東信堂、一九九八年

□著　者

フレデリック・サイツ（Frédéric Seitz）
コンピエーニュ技術大学教授，建築専門学院教授．主著『20 世紀の鉄骨建築』（パリ，ブラン社，1995 年）．

□訳　者

松本　栄寿（Eiju MATSUMOTO）
1935 年会津若松市に生まれる．静岡大学にてエレクトロニクスを学び，計測器メーカーの技術者となる．1992 年玉川大学学芸員資格取得．1994 年スミソニアン協会アメリカ歴史博物館客員研究員，学習院大学非常勤講師（学芸員講座）歴任．現在，横河電機技術館準備室学芸員，工学博士．
著書：『遙かなるスミソニアン』（玉川大学出版部），『電気の精とパリ』『科学・千夜一夜』（共訳，玉川大学出版部），『「はかる」世界』（玉川大学出版部）

小浜　清子（Kiyoko KOHAMA）
1939 年東京に生まれる．1962 年東京外国語大学フランス語科卒業．フランス大使館，オートボルタ大使館，専門学校など勤務．
現在，フランス文化史を中心に翻訳．
訳書：『電気の精とパリ』『科学・千夜一夜』（共訳，玉川大学出版部）

エッフェル塔物語

2002 年 8 月 5 日　第 1 刷

著　者　F.　サイツ
訳　者　松本栄寿
　　　　小浜清子
発行者　小原芳明
発行所　玉川大学出版部
〒194-8610　東京都町田市玉川学園 6-1-1
TEL　042-739-8935　FAX　042-739-8940
http://www.tamagawa.ac.jp/sisetu/up
振替　00180-7-26665

NDC　523　　印刷・製本　三秀舎
ISBN 4-472-30266-7　C0052　乱丁本・落丁本はお取替いたします